高井ゆと里／周司あきら

トランスジェンダー Q&A

素朴な疑問が浮かんだら

青弓社

トランスジェンダー Q＆A──素朴な疑問が浮かんだら　　**目次**

第1部 性別の重み ··· 007

性別を重要視する社会　009

性別らしさと性別であること　011

性別と服装　014

性別と外見　016

性別と身体　019

性別とアイデンティティ　023

性別の多元性　026

性別分けスペース　028

性別二元制社会　031

第2部 基礎知識 ··· 034

Q1：トランスジェンダーとはどんな人たちを指すの？　035

Q2：トランスジェンダーって、「女らしさ」や「男らしさ」の押し付けがいやな人たちのこと？　046

Q3：トランスジェンダーの人たちは、どれくらいいるの？　050

Q4：「性別を変える」ってどういうこと？　052

Q5：生活上の性別を変えるって、何をするの？　060

Q6：身体の特徴を医学的に変えるって、何をするの？　063

Q7：書類上の性別（戸籍）を変えられるの？　068

Q8：ノンバイナリーの人も性別を変えるの？　078

Q9：トランス男性は男の人、トランス女性は女の人、
　　と理解しておけばいい？　080

Q10：自分の望みどおりに性別を「変えた」トランス
　　　ジェンダーの人たちは、もう困りごとはないの？　083

Q11：どんなことが理由で差別を受ける？　085

Q12：差別の現状を示すデータについて、
　　　もう少し知りたいな　087

Q13：ノンバイナリーの人たちも差別を受ける？　094

Q14：最近、SNSでトランスヘイトがひどいよね？　096

第3部 **性別分けスペース**　　…108

素朴な疑問は素朴ではない　109

未来を考えるために　113

Q15：トランスジェンダーは性別分けスペースに　115
　　　混乱を招きませんか?

Q16：性別分けスペース①トイレ　129

Q17：性別分けスペース②公衆浴場　144

Q18：性別で分かれることがある活動──スポーツ　154

第4部 「トランス差別はいけないけれど
気になる」疑問　…166

Q19：トランスジェンダーと医療　166

Q20：トランスジェンダーと社会の変化　171

Q21：トランスジェンダーとジェンダー特権　179

あとがき　……………………………………………… 189

もっと知りたいあなたへ　……………………………… 191

装画──Miyabi Starr
装丁──藤田美咲

第 1 部

性別の重み

「そこのお姉さん、この本を手に取ってくれてありがとう。あなただよ、
あなた」

いま「おやっ？」と思いませんでした？……
「なんで「お姉さん」？　私は女だけど、この本を読むときに性別がそんなに大事なの？」とか、「自分は女じゃないから、間違えないで」とか。
（日本語だと、呼びかけに「年齢」も無関係ではないみたい。お姉さんという言い方は、若い女性に向ける言葉だから。）

　人は、性別を間違えられると、すぐに訂正したくなる。なんとも不思議なことだ。名前を間違えられても「まあ、いいか」とスルーできる人はいるかもしれない。でも、性別についてはそうもいかない人が多いのではないだろうか。
　相手の性別を間違えてしまったときも、「あっ、男の人でしたか！　すみません」とすぐ謝ったりして。

▶ 性別を重要視する社会

　いまの社会では、周りの人から性別を尋ねられたり、いつの間にか性別を認識されたりするのは当たり前のことになっている。むしろ、その人がどんな人なのかを知るための最初の情報が「性別」である、というのも珍しくない。

　ほら、思い出してほしい。新聞を開いてみると、こんな文字が書いてある。「犯人の女」とか、「被害者の女性」とか。なぜ、性別なのだろう。例えば出身地や身長を書いてもよさそうなものだ。犯人の〇〇県民、身長173センチの被害者は……とか。なぜ、性別が真っ先にくるのだろう。性別を知ると、その人を知った気持ちになるってこと？

　今度は、友人に子どもが生まれたとしよう。あなたは真っ先に聞いてしまうのではないだろうか。「男の子？　女の子？」と。その答えによって、出産祝いの中身も変わってくるかもしれない。でも、なぜそんなに性別が気になるのだろう。体重を聞くのは失礼じゃないかって？　でも、なんで性別は聞いてもいいのだろう。むしろ、そうやって性別を聞くとき、あなたは赤ん坊の外性器の形を質問してしまっているんじゃないか？　「生まれた子どもの性器の形はどうだった？」って、そっちのほうがよっぽど変だ。

　最後は、道の向かい側から知らない人が歩いてきたとき。もし、あなたが晴眼者（目が見える人）だったとしたら、あなたは向こうから歩いてくる人について、最初にどんな情報をキャッチするだろう。きっと「あっ、男性だ」とか「向こうから女性が歩いてくる」とか、思うのではないだろうか。もしかしたら、障害の有無（障害に付随する特徴）や人種的な特徴に目が向くこともあるかもしれない。それにしたって、道の向こうから歩いてくる人の性別を、あなたは早い段階で把握しようとす

るのではないかな。そうやって取得した性別の情報は、おそらくは細かい精査に基づいているわけではない。ただ何となくの第一印象で決めてしまったものだ。

こんなふうに、私たちは性別をすごく気にしてしまう不思議な生き物だ。意識せずとも、性別を重視する機会はあまりに多い。本当はそんなに性別が重要ではない機会でも、むやみに性別が重要視されることがある。絶対にそのアンケートには関係がないはずなのに、とりあえず書かされる性別欄。男だからこうしろ、女だからこうしろ、という押し付け。会社や学校の制服にしても、どうしてあんなに男女で違うのだろう。

誰も性別を選んでいない。自分の性別を選んで生まれてくる人はいない。「性別なんてだるいなぁ」と思うことも多いかもしれない。

でも、聞いてみたい。あなたは「自分はこの性別ではない」って思ったこと、ある？

これから生きていくときも、そして死ぬときも。大半の人は、自分はいまのままの性別でこれからも生きていくし、いまの性別のまま死ぬって、疑っていないだろう。

不思議なことだよね。たまたま生まれたときに「この子は女の子ですよ」とか、「元気な男の子ですね」とか、判定されただけなのに。そんなことは子どもの意思とは無関係だったはずなのに。その子の人生は、その性別と切り離せなくなってしまうらしい。どんな人として生きるのか。どんな人として死ぬのか。周りが考えるその子の人生のビジョンにも、そしてその子が大人になっていくなかで獲得していく、その子自身の自己イメージにも、驚くほど「性別」は食い込んでいる。

▶ 性別らしさと性別であること

こうやって性別の話をすると、男らしさや女らしさを周りから押し付けられていやだった、という経験を思い出す人も多いだろう。例えば「男のくせに泣くな」とか、「女の子なんだから足を閉じて座りなさい」とか、「男は強くなきゃ」とか、「女性はどうせすぐ結婚して仕事をやめるから大事な仕事は任せられない」とか、「男なのになんで男のアイドルを応援してるの？」とか、「女性はメーク（化粧）をしてください」とか、好き勝手言われて、人生の選択肢を狭められてきた人も多いはず。

はっきりと「男らしく／女らしく」と言われなかったとしても、投げかけられるメッセージの背景に「性別らしさ」の強要があることはよくある。なんなら、国が主導する義務教育の教科書にも「男の子は男の子らしく」「女の子は女の子らしく」というメッセージはあふれている。地域で配られるフリーペーパーにも、家事をする母親と、青い服を着た息子を抱きかかえるタフな父親、ピンクのスカートをはいた娘、みたいな画一的な家族像が投影されていたりする。ドラマでは、仕事ができる背の高い男性と、その男性よりは仕事ができない設定の、きゃしゃな女性が最終的には恋愛をして結ばれていく、というストーリーがあふれている。「男らしさ／女らしさ」という言葉が使われていなかったとしても、特定の「男性像／女性像」に人々が向かっていくよう方向づけられているわけだ。私たちはそうした膨大な情報に日々ふれて、「こんなふうに男らしくならなきゃ」とか「女らしくしないと認めてもらえないんだ」とか、学習していく。

こんなのばからしい、と一蹴できたらいいのかもしれない。けれど、「性別らしさ」と付き合うのは簡単なことじゃない。「男なのにちゃんと男らしくできていない」とか、「女なのにちゃんと女らしくできていな

い」とか、社会から押し付けられた理想像と自分自身のリアルとのズレ
に、なんだかんだ悩まされてきた人もきっと多いだろう。例えば女の人
として生きていると、「女性はメークすべき」という規範にずーっと悩
まされることになるけれど、たとえ「メークはしたくない」と思ってい
ても、すっぴんで会社にいくのはやっぱり自信がなくて、メークをする
と安心するとか、そんな感じ。

　何より面倒なのは、性別らしさというのが他者からの評価に直結して
いること。性別らしさは、目立つところでは服装や髪形、話し方や歩き
方にも反映される。そして、「その性別らしくない」というふうに見な
されると、ただそれだけの理由で、他者からの信頼度が下がったり、責
められたりもする。

　こんなシーンを想像してほしい。例えば大企業の就職面接で、男性が
スカートをはいていたら。面接官はどんな表情をするだろう。かなりの
確率で、怪訝な顔をするんじゃないだろうか。この人には仕事を任せら
れない、と一方的に判断されたり、職場の仲間になりたくないと思われ
たりするかもしれない。あるいは、就職面接にきた女性がまったくメー
クをしていなかったらどうだろう。実際に求められている業務とは無関
係なはずなのに、その女性は「仕事ができない人」というレッテルを貼
られるかもしれない。「好きな格好をしていいんじゃないの？」「仕事が
できれば問題ないのでは？」と疑問がわくだろうし、本来はそれでいい
はずなのに、なぜか性別らしさは他者からの評価と結び付いていて、自
分らしく生きていくことをじゃまする。

　こんな日常だから、性別の話をするときに、「男らしさ／女らしさ」
のせいで人生が苦しくなった経験を連想する人は多いと思うんだ。なる
ほど、それは仕方がないことだと思う。

　でも、ちょっと考えてみてほしい。
　あるところに「女らしくない女性」がいたとする。その人は女らしく

ないから、じゃあ男なのだろうか。いや、絶対にそんなことはないだろう。たとえ社会が求める「女らしさ」の要求を満たさないとしても、だからといって彼女が「女ではない」とはならない。同じことは男性にもいえる。「男らしくない」からといって、その人物が「男ではない」ことにはならない。

　結局のところ、「女のくせに女らしくない」などと見下されているとき、そこではその女性が「女性であること」は確固たる前提になっている。その前提がなければ、彼女に「女らしさが欠けている」なんて、誰も文句を言わなかっただろうから。

ポイント ✏

その性別らしくあること と
　　その性別であること は、全く別の水準だ。
➤「女らしくない」ことは「女性でない」ことを意味しない。

　ここからの応用として、次のようなことも考えられる。

　例えばある女性が「女らしさ」に反発しているとして、彼女はいったい何に反発しているのだろう。彼女は、自分が「女ではない」と言っているのだろうか。おそらく違う。彼女は「なぜ女性だからといって、女らしくしなければならないのか」と反発している。実際、そのように「女らしさ」の押し付けに反発する女性はとても多いけれど、自分が「女性であること」そのものについて、それは間違いだと思ったり、「女性であること」を丸ごとやめようとしたりするケースは、とても少ない。

　こうして、最初の問題に戻ってきたことになる。性別って、いったい何なんだろう。「その性別であること」と「その性別らしくあること」が、まったく次元が異なる話なのだとしたら。性別って、いったい何な

のだろう。

▶ 性別と服装

　性別って何なの？という問いをいきなり考えるのは、あまりにも漠然
としすぎている。だから、性別と関係がありそうなものを少しずつ選ん
で、順に考えてみよう。

　例えば、誰かの性別を判別するとき。私たちは多くの場合、その人の
外見を最初の判断材料にしている。もちろん外見にも、いろいろある。
顔立ちや背の高さなどの身体の特徴は確かに外見に現れるけれど、社会
生活を送るときには衣服を着ていることが多いから、外見によって他者
の性別を判断するときは、だいたいは**衣服や身体の使い方**も外見に含ま
れることになる。

　ところで、あなたは制服を着たことがあるかな。学校や会社、スポー
ツのチームなどで、制服（ユニフォーム）を着たことがある人は少なく
ないだろう。なかでも学校の制服は、ほとんどの場合、男性用と女性用
で分かれている。でも、あれってなんで男女に分かれているのだろうか。
もともと制服を導入した目的の一つは、児童・生徒を管理しやすくする
ためだろうけれど、そうした学校側の管理や規律の強制といった目的は、
時代によっては軍国教育を支えるため、という統制とも容易に結び付く
ものだ。ともあれ、学校の制服を男女で分けること自体には、やっぱり
意義を感じない人が多いだろう。もっとユニセックスな統一規格ではだ
めなのかな。

　とくに、寒い冬でも女子生徒がスカート着用を強いられたり、暑い夏
に男子生徒が長ズボンの着用を強制されたりするのは、健康の面からみ
てもよくない。なぜか我慢比べのように制服を着せられて、ことさら男
女の別が設けられている。これは、本当は性別なんてどうでもいいよう

な場面でさえ、性別によってルールが分かれてしまっている代表例だ。そして、こういう無駄な区別によって、その人の制服（外見）を見ることで「この人は男子生徒だ」とか「この人は女子生徒だ」という性別判断がすごく簡単になっている。外見が全然違うからね！

しかし、問題はここからだ。

そうやって、男子生徒と女子生徒に違う制服を着せて外見の特徴をわかりやすく二分することによって、学校に通う子どもたちには、男性と女性は違う生き物なのだということが強烈に刷り込まれていく。男性と女性の外見がまるっきり違う世界に閉じ込められた子どもたちは、そうして大人たちが作り上げた「性別の違いを過剰に重視する世界」の常識を教え込まれていくんだ。

衣服が男女別になっているのは、なにも制服に限った話ではない。衣服全般には、そもそも男女を分ける傾向がある。ユニクロのようなリーズナブルな店でも、もっと高価な服を売っている店でも、男女でエリア（売り場）がきっぱり分かれている。そして、売り場が違うだけでなく、デザインも標準的なサイズ感も違う。店のなかで、何となく「あっち側」の服を見ることさえ許されていない空気を感じたことはないだろうか。女性の自分がメンズ服売り場にいたらヘンだよな、とか。衣服には、最初から（着用者の）性別が刻み込まれているんだ。

ネックレスや時計のような装飾品も、やっぱり男女で分けられていることがほとんどだ。まあ、オシャレを楽しみたいという人のなかには、「男性だけどレディースのエリアでもほしいものを探すよ」っていう人もいるけれど（そのほうが服探しを2倍楽しめるからね）。

今度は会社に出勤するときのことを考えてみよう。みんなどんな服を着ているだろうか。ここではとくに、いわゆる「会社勤め」の人のことを想像してみてほしい。どうだろう。大半の女性は「女らしい」衣服を、男性は「男らしい」衣服を身にまとっていないだろうか。電車で仕事に向かう大人を見渡すと、性別によってかなり偏った傾向があるのがわか

る。男性っぽい人だったら、黒かグレーか青色のスーツ姿の人が多い。とりわけフォーマルさが求められるオフィスでは、きっちり男女で異なる型が求められることが多い。

　こんな感じで、学校や会社みたいに、ほかの人と一緒に時間を過ごしたり、一緒にコミュニケーションをとったりする場所では、性別によって服装がきっぱり分けられがちだ。このことは、自分の本当の性別とは違うほうの服装を強制されることもあるトランスジェンダーの人たち（そのなかには多くの子どもが含まれる）にとって大きな困惑の種になることがある。トランスジェンダーの話は第2部「基礎知識」から詳しくすることにしよう。

▶性別と外見

　ある人の性別と、その人の外見は、こんな感じでかなり密接に結び付けられてしまっている。しかも、そうして性別と結び付けられているのは服装だけではない。

　例えば、**身だしなみ**。先ほども書いたように、現代の女性はメークをしている人が多い。一方で、男性はまったくしていないか、あるいはメークをしていても気づかれない程度にさりげなくしている人が多い。

　ところで女性たちは、みんな好きでメークをしているのだろうか。それともイヤイヤやっているのだろうか。先ほどもみたように、その答えは人それぞれだ。現代社会でメークが「女らしいこと」と想定されているからといって、女性がみんな好んでそうしているとはかぎらない。メークをしていないと「サボっている」とか「女らしくない」と不当な評価を下されることがあるから、仕方なく時間とお金をかけてメークをしている女性もいる。全然メークなんてしないよ、という女性もいる。

　外見の印象をかなり左右する、髪の毛の状態も同じだ。いまの日本で

は、男性は髪の毛を短く切る人が多く、女性は髪の毛を長く伸ばしている人が多い。でもこれは、男女で髪の毛の成長のメカニズムが違うからではない。「男は髪を伸ばすべきではない」「女は髪を短くすべきではない」という、男らしさや女らしさの規範があるから、こんなふうに男性と女性で髪の毛の長さや髪形が違っているんだ。

　身体の動かし方も、性別によってかなり違いがある。例えば「がにまた」で歩いている人がいたら、ほとんどの人はその人を「男性かな」と思うだろう。それとは逆に、両膝を内側に寄せるように歩いている人がいたら、「女性だな」と思うだろう。ほかにも、真っ直ぐ線の上を歩くようなイメージで、腕を自然と下に垂らして、手首を内側に曲げて歩いている人がいたら、やっぱり「女性だな」と判断するだろう。座っているときの姿勢だって、よく観察してみると男女でかなり傾向が違う。電車の座席に浅く腰掛けて、足を投げ出すような姿勢で、顎を上にあげている人がいたら、かなりの確率でその人は男性だ。逆に、座席にしっかり腰掛けて、両肩をすぼめるようにして座っている人がいたら、その人は女性であることが多い。

　こんなふうに、性別と外見の結び付きは、身体の使い方にも関係する。「男性はこういうふうに身体を使うべきだ」「女性はこういうふうに身体を使うべきだ」という、性別らしさの規範は、私たちの身体の使い方さえ変えてしまう。そして身体の使い方というのは、外見（見た目）のなかでもかなり大きな要素になる。

　こんなふうに、いまの社会では性別によって外見に大きな違いが発生している。そして、その違いは「性別らしさ」の規範が生み出したものだ。だから、ここにはやっかいな事態が出現しているといえる。図1をみてほしい。

　よし、確認しよう。社会生活を送るうえでの外見は、性別らしさの規範によって大きく影響されている。だから、いまの社会の多くの男性が男性的な外見をしていて、多くの女性が女性的な外見をしているのは、

性別らしさについての規範
"男性はこういう外見であるべき"
"女性はこういう外見であるべき" そういう外見の男女が
量産される

 ますます規範が強化 "男・女はそもそも外見が違う生き物だ"
"外見によって男女は常に区別できる"
——という思い込みが発生

性別らしさの規範が
男・女の外見に影響を与えている
という事実が隠蔽される

図1　性別らしさと外見の循環

性別らしさの規範がそれを生み出したからだ。そうして男女の外見に大きな違いが生み出された結果、私たちの多くは、あたかも男女には最初から外見の違いがあったにちがいない、という思い込みをもつようになる。それは当然、男女はいつでも外見から区別できるはずだ、という思い込みにもつながっている。そうした思い込みが広まることで、性別らしさの規範はますますパワーを得るようになる。それが「規範」であり、「そうすべきだ」というプレッシャーとして受け止められているならば、それに対する反発を抱くことはよくあることになるだろうけれど、「男女はもともとこうでしたよ」と、「規範」ではなく「事実」の見せかけをとるものだから、規範の規範らしさは後ろに隠れてしまう。結果として、男女の外見にまつわる性別らしさの規範は、ますます強化されていくことになる（以下、循環する）。

　ちなみに、外見とは少し違うけれど、**声の高さ**についても同じようなことがいえる。もちろん、男性にありがちな（男性集団に典型的な）身体をもっている人は、思春期に声変わりをする人が多いから、男性の声は一般的に低く、かすれがちだ。でも男性だからといって、みんなの声の低さが同じであるわけではない。地声が高いと言われたことがある男性

ならば、「男性なのに声が高いね」とばかにされたことがあるかもしれない。女性にありがちな身体をもっている人でも、声質や声の高さから、勝手に「男の声みたい」と揶揄されて、いやな思いをしたことがある人はいるだろう。だから、そういう面倒な評価を避けるためにわざと低い声で話す男性や、わざと高い声で話す女性もいる。わざわざ意識していないとしても、会社や学校では高い声で話して、家族や親友の前では低めの声になっている、という女性もいるだろう。そういうわけで、声の高さの違いという、ある意味で「自然に」決まっているように見える男女の（身体の）違いにも、性別らしさの規範はかなり影響してるんだ。

▶ 性別と身体

　ここからは、身体についてより詳しく考えていこう。

　性別は身体で決まっているものだ、という発想はよく聞くことがあるだろう。実際に、生まれたばかりの赤ん坊の性別を役所に届けたりして公的に登録しようとする際には、生まれてきた子の外性器がほとんどの場合は判断材料に使われている。だから「身体で性別が決まる」というのは、間違っていないように思うかもしれない。それに、男性として生きている人たちが典型的に経験する性分化・性徴と、女性として生きている人たちが典型的に経験する性分化・性徴とは違っているから、その意味でも「性別」と「身体」には密接な関係がありそうだ。

　しかし、話はそんなに単純ではない。ある性別に典型的とされる身体の形があるとしても、その特定の身体の部位に「その性別である」という事実が還元されるわけではないからだ。よくある発想に合わせて、あえてわかりやすい言い方をするなら、性別は、外性器の形状には還元されない。

　例えば、ペニスがあれば男で、ヴァギナがあれば女、と信じている人

は多い。しかし、多くの人と似たようなペニスやヴァギナをもっていない男性や女性は、確かに存在している。だから、男性／女性であることと、多くの人と同じようなペニスやヴァギナをもっていることは、イコールではない。おまけに、ペニスといってもいろいろなペニスがあるから、どこからどこまでが正式な「ペニス」であるかを決めることには、たぶん意味がない。

　それに、「性別」と結び付いて認識されている身体の特徴は、外性器以外にも存在する。よくある考えとしては、毛髪の薄さ、喉仏、血管が浮き出ていること、毛深いこと、胸が平らであること、筋肉質であること、足のサイズが大きいことなどは「男性的な身体の特徴」だと思われていて、そうした「男性的な身体の特徴」をもっていることは、その人が「男性であること」を示す証拠だと考えられている。だから「性別と身体」について考えるときに外性器の形状だけに話を限定してしまうと、現実からずいぶんと離れてしまうことになる。

　そして、これも外性器のときと同じ。毛髪の薄さとか、喉仏の出っ張り、大きな足などの身体の特徴をもっていないとしても、その人がそのことで「男性でなくなる」わけではない。せいぜい「この人はそういう男性なんだな」と思われるだけ。髪の毛がふさふさで長い男性もいるし、痩せ形の男性もいるな、で終わり。だからここでも「性別」と「身体」の関係は単純ではない。ある性別であることと、その性別にありがちな身体の特徴をもっていることは、イコールではないんだ。

　これは、何らかの身体の特徴だけを使って、その「性別であること」を定義する試みは成功しえないということを意味している。例えば、99.9％以上の男性の細胞にY染色体が含まれていることが事実だとしても、だからといって「男性であるとはY染色体をもっていることだ」と定義することはできない。ここで定義とは、必要十分条件を指していると考えてほしい。つまり、男性ならば必然的に（常に）Y染色体をもっていて、かつY染色体をもっているならば必然的に（常に）男性である、

ということが正しくいえるなら「男性であるとはY染色体をもっていることだ」と定義することができる。でも、それは正しくない。なぜなら、さっきと同じようにY染色体を含む細胞をもたない男性もいれば、Y染色体を含む細胞をもつ女性もいるからだ。これは、実際にそうだ。

　だから、現実に女性として生きている人のなかにY染色体をもっている女性がいたとしても、その検査結果だけから、彼女が「女性」でなくなるわけではない。Y染色体がない男性がいたとして、そのことで彼が「女性」になるわけでもない。染色体の検査結果がこうだったから、明日から女性／男性として生きてください、なんて言われて、納得がいく人はいないだろう。どの性別であるかということと、どんな染色体をもっているかということは、傾向としては確かに強く関係している。しかし、染色体の特徴を使って性別を定義することはできない。性別というものは、もっと複雑でややこしいものだからだ。そもそも、私たちが生きていくうえで「性別」を問われているとき、それは「性別」を問われているのであって、染色体の特徴を問われているわけではない。

　これは、考えてみれば当たり前のことをいっているにすぎない。たとえ「男性」とされている人にありがちな特徴があったとしても、それはあくまでも傾向の話だ。女性よりも男性のほうがビールの消費量が多いとしても、「ビールが嫌いなやつは男性ではなく本当は女性だ」などと誰も言わないだろう。いくら正確な調査に基づく統計だとしても、「こうでなければ（本物の）男性ではない」と勝手に結論を導いて、ふだん何食わぬ顔で男性として生活している人に向かって「あなたは本当は男性ではありませんよ」と言うなんてことは誰にも許されない。それを言われているほうだって、何が起きているか意味がわからないだろう。「え？　僕は男性ですけど」と返して終わりだ。

　もちろん、生き物の身体の特徴を「オス／メス」に分類する試みが全部無駄だといっているわけではない。こと人間の身体についていえば、そうして「オス（男性）の身体」と「メス（女性）の身体」を単一の基

準でシンプルに線引きすることはできないというのが定説になりつつあるけれど、仮に生物学の世界で「男性型の身体」と「女性型の身体」についての線引きに明確な決着がついたとしても、やっぱりそれは「男性であること」と「女性であること」の定義にはなりえない。なぜなら私たちの社会は生物学の研究室ではなく、そんな研究とは関係がないところで、私たちは実際に誰かの性別を公的に登録したり、誰かの性別を判別したりしているからだ。

　とはいえ、そんな私たちにとっても、身体の部位と「性別」に何らかの関係があることは知っている。だからこそ、ある特定の身体の部位を失ったり、そこで期待される機能が使えなくなったりすると、「その性別である」という自分のアイデンティティが揺るがされることがある。例えば、ペニスを失ったり勃起力が衰えたりした男性のなかには、そのことによって自分の「男性」としてのアイデンティティが揺らいだり、危機感を覚えたりする人がいる。同じように、乳腺を摘出したり、子宮や卵巣の摘出をしたり、髪の毛がなくなったりした場合に、「女性」のアイデンティティが揺らぐ女性がいることも知られている。性的な特徴として、その人の性別を判断する際の根拠にされたり、性的な特徴として世の中で強く語られている身体の部位（毛髪、ペニス、乳房、子宮など）を失ったりすると、その人自身の性別のアイデンティティにも影響を及ぼす場合があるということだ。

　ほかの身体の部位と比べてみると、もっとわかりやすくなるかもしれない。例えば手術で腸を切った人が、そのことで「自分は女ではなくなってしまうのではないか」なんて不安に思ったり、女性としてのアイデンティティが揺らいだりする、ということは想像しにくい。でも、その部位が内性器や乳房だと、話は違ってくることがある。

①ある性別であることは、身体に特定の部位があることと同義
ではない。

②身体と性別のアイデンティティは無関係ではない。男性や女
性である自分についての自己イメージに、身体のことが食い
込んでいることはよくある。

具体例：事故や病気でペニスを失った男性は、そのことで男性
でなくなるわけではないけれど（①）、男性としてのア
イデンティティが揺らぐように感じるかもしれない
（②）。

　こうしたケースからもう一つわかるのは、自分が男性／女性であると
いう事実が、自分という存在のアイデンティティの一部になっているら
しいということだ。どんな人として生き、そして死ぬのか。人生全体に
関わるようなそうしたビジョンを、性別と無関係に抱くのは難しい。私
たちが生きていくうえで、性別というのはそれくらい無視できないもの
なんだ。

▶性別とアイデンティティ

　いまの社会では、性別がすごく重視されている。だから、性別はその
人のアイデンティティの一部になる。ここでアイデンティティというの
は、自分が自分であるという深い経験のこと。単に自分がそう思ってい
るというだけではなく、他者や社会から自分がそう認められているとい

う感覚も、多くの場合そこには含まれている。

　性別以外のことに置き換えて、少しずつイメージしてみてほしい。例えば、あなたは犬を見るのが好きで、公園で犬とすれ違うと「ラッキー、今日は運がいいな」と思っているとしよう。でも、あなたはきっと朝から晩まで犬のことを意識しているわけではないだろうし、初めて会う人や、大切に思っている人に自分のことを深く知ってほしいと思ったときに、犬のことを話す優先順位は低いだろう。周りの人は、そもそもあなたが「犬好きであること」なんて知らないかもしれない。ともすると、あなたが「犬を見るのが好き」でなくなる未来も、ありうるかもしれない。猫派に転向するとかね。でも、そうしてあなたが「犬好き」でなくなったとしても、それであなたが別人になるわけではない。あなたという人格の同一性（アイデンティティ）にとって、あなたが犬を見るのが好きであることは、それほど核心的な部分ではなかったということだ。

　それに対して、性別はどうだろう。あなたが学校にいくにせよ、会社で働くにせよ、どこに行ってもあなたの性別はあなたに付きまとう。履歴書でも性別が聞かれてしまうし、趣味のためにアカウントを作ったSNSでも、あなたは何となく同性のアカウントと会話しがちかもしれない。あなたは、自分の性別がいつか変わるという想像をしたことがあるだろうか。おそらく多くの人にとって、ちょっと想像がしにくいのではないだろうか。あるいは、こういう言い方をしてもいい。**性別が変わってしまったら、もういまの自分とは別人になってしまうんじゃないか？**

　そのことは、周囲からの認識を想像してみるともっとわかりやすいかもしれない。あなたがあるとき別の性別になることを、周囲の人はおそらく想像したことさえない。それくらい、あなたの性別は「あなたが誰であるか」にとって重要な要素になっている。家族や友人、会社の同僚は、あなたをずっと同じ性別の人として扱う前提でコミュニケーションをとっている。だから、あなたの性別は、あなたという存在にとって欠かせない一部になっている。そうした他者からの視線に応じるようにし

て、「男性／女性としてこれからも自分は生きていく」という確信をほとんどの人はもっているし、自分が男性／女性であり、男性／女性として生きているという事実を、心の深い次元で経験し、実感し、また理解して生きている人がほとんどだ。

　これが、性別がアイデンティティであるということ。性別は、犬を見るのが好きなのかどうかとは違って、その人のアイデンティティの核心部分に食い込んでいる。連続した時間のなかで生きていく一人の人間がもつ、この性別にまつわるアイデンティティの側面を、**ジェンダーアイデンティティ**と呼ぶ。この言葉は、英語の「gender identity」をそのままカタカナにしたもの。「性自認」や「性同一性」と訳されることもあるけれど、全部意味は同じ。

　前項の「性別と身体」で紹介したケースも、性別とアイデンティティのあいだのこの結び付きに関係している。そこで紹介した人たちは、身体の形状や機能を失うことによって、男性／女性としてのアイデンティティが揺らいだのだった。こうしたことが起こりうるのは、そもそも性別がアイデンティティの重要な一部をなしているからだ。

　こんなふうに性別がアイデンティティになっているというと、まるでその性別を**好きでやっている**ように聞こえるかもしれない。でもジェンダーアイデンティティは、その性別であることを本人がどれくらい気に入っているかとか、充実感を覚えているかとか、そんなこととは別の次元の話だ。本人が「好きで男として生きているわけじゃないけどな」と感じていて、男性という性別をちっとも好きでなかったとしても、「現に男性として生きている／これからも男性として生きていくのが自分である」という明確な実感やビジョンをもっているなら、その人にとって「男性であること」は立派なアイデンティティの一部だ。

▶ 性別の多元性

　これまで、服装や外見、アイデンティティなどと絡めて、性別とは何かを考えてきた。そうした旅の最後に、あなたが周囲からどう扱われるかではなく、あなたが他者をどう扱っているか、ということについても考えてみたい。

　ためしに異性愛者（ヘテロセクシュアル）、という言葉から検討してみよう。いまのところ、誰に惹かれるかという性的指向については、いわゆる異性愛者がマジョリティだと考えられている。あなたが女性なら男性を、男性なら女性を好きになるってことだ。

　ちなみに、この「好き」の対象には、恋愛的な対象、性的な対象、憧れの対象、そばで一緒に過ごしたい対象、家族になりたい対象など、さまざまなあり方が想定される。でも、通常「異性愛者」という言葉が使われるときは、どんな「好き」なのかはあまり区別されていない。そのせいで、恋愛的・性的な関心を軸にして、恋愛的・性的に「好き」な相手ならば家族になりたいにちがいないとか、ずいぶん乱暴なくくりで人生のルートが決められているようにも見える。そんなふうにあらゆる意味合いの「好き」が一貫して同じ性別の対象に注がれるなんて、まったく不思議な前提にしか思えないけどさ。

　おっと、話が脱線してしまったようだ。ここで考えたいのは、「異性愛者」ってどういうこと？という問い。異性を好きになる、というときの「異性」とは誰のことなんだろう。自分とは異なる性別、というけれど、いったい何が違ったら「異性」なのだろう。

　性別が違うから「異性」なんだよ！……とすぐに返事がきそうだけれど、そういうことではない。いったいどんな条件がそろえば、相手が「異性」ということになるのか、を考えてみたいんだ。もっとわかりや

すくいうと、「異性が好き」という異性愛者は、いったい何が好きなのだろう。異性愛者は「同性が好き」ではないのだから、何か、「異性にはあるけど同性にはないもの」があるはずだ。

　例えば、身体のパーツだろうか。異性愛者は、自分にはない身体の特徴を「好き」になっているのかな。そういうことなら、人の身体はどれ一つとして同じではないはずだけれど、どうして「自分以外の全員が好き」とはならないのだろう。それに、異性愛者はみんな（異性の）性器を愛しているなんて、ちょっと話が変じゃないだろうか。

　あるいは、ぱっと見の外見の違いかな？　異性愛者は自分と違うタイプの外見が「好き」ってこと。ひょっとすると戸籍や身分証に記載されている性別の表記が大事なのかもしれない。……いや、これはたぶん絶対に違うね。自分と書類の性別表記が違う人が好き！というのは、あんまり聞いたことがない。あるいは、自分とは違った性別で生きてきたという、これまでの体験や経験に惹かれているのかもしれない。うーん、本当にそうだろうか。

「異性が好き」という人は多いけれど、「自分とは**異なる性別の人が好き**」ということがどういうことなのか、まじめに考えたことはある？異性愛者の物語はいっぱいあるのに、どうもそこでいわれている「異性」の解像度では、いまいちピンとこない。ちょっと分析してみただけでも、結局のところどういう相手なら「異性」であり、「性別による違い」のどの部分に好意を抱いているのか、あまりはっきりとした答えはなさそうだ。

　これは、そっくり自分自身の性別についてもいえる。自分が女性であるとか男性であるとかって、つまりどういうことだろう。あなたが男性なのだとしたら、それって身体に「男性的な」部位があるってこと？見た目が世の中でいう「男性寄り」ってこと？　戸籍に「男」と書いてあるってこと？　「男性的な」コミュニケーション役割を引き受けがちってこと？　「あなたは男なんだから」と言い聞かせられて育ってきた

ってこと？　自分自身が「男」だと信じているってこと？

　……どれも「男であること」の一部分をなしていそうな要素だけど、どれか一つを選べと言われたら、難しそうだ。それに、どれかが欠けたら「男であること」自体が全部否定されるというわけでもなさそう。もしかすると、人それぞれ「男性であるとはどういうことか」という考え方や基準も、バラバラかもしれない。

性別を構成する要素は多元的。
「男性であること／女性であること」について、誰もが納得するような単純な説明は存在しえない。

▶ 性別分けスペース

　今度は、社会生活を送るうえで「性別」を意識させられる機会について考えていこう。性別で分けられる機会として多くの人が意識するのは、衣服を身に着けるときと、あとは外出先で**トイレ**にいくときかな。自宅のトイレはともかく、ほとんどの公共トイレは男女で分けられていて、赤いマークや青いマーク、あるいは身体的特徴に差異が設けられたシンボルマークで、トイレの入り口が分かれている。

　ここで、少し考えてみてほしい。あなたはどうして「そっち」のトイレを使うのだろう。女性用と男性用と、ほとんどの公共トイレは2つの方向に分かれているけれど、あなたはなぜ「そっち」のトイレにいくのだろう。つまり「あっち」のトイレではなく、「そっち」のトイレを使

う理由。

答えはおそらくシンプルだ。それは、あなたがそっちの性別だから。あなたが女性なら女性用のトイレを使うし、男性なら男性用のトイレを使う。最初から選択肢なんて存在していないよね。ちなみに、車椅子で行動していたり、異性の介助者と移動していたりすると、使える公共トイレが一つも存在していないという状況もよくあるだろう。いずれにせよ、女性用と男性用で、使えるトイレを自由に選んでいる人なんて存在していない。そのことは覚えておこう。この話は第3部で詳しく述べる。

ところで、もう一つの質問。あなたはなぜ、トイレにいくのだろう。あなたはどうして駅や学校、会社のトイレを使うの？　これも、答えはシンプルだ。それは、排泄をするため。あなたが女性用のトイレや男性用のトイレを使うのは、「女性らしくありたい」とか「男性として周囲から認められたい」とか、そんな動機とはなんにも関係ない。だってトイレは、排泄のための場所だから。

しかし、そうもいかないときがある。排泄をしようとしただけなのに、周囲の人や建物の管理人とトラブルになってしまうことがある。あなたや、あなたの身近な人で、そんな経験がある人はいないだろうか。トラブルになる理由は、「その性別らしい外見をしていないから」というのが多いかもしれない。つまり、周囲から性別を間違われたり疑われたりすると、トイレで不審に思われてトラブルが起きる。例えば「こんなに体格のいい人がなんで女性用トイレにいるの？」とか「こんなにフェミニンな人が男性用トイレにいるなんて、僕が入り口を間違えて女性用に入ってしまったのか？」などと、場が混乱する。トイレという空間は、「女性なら女性用を使えばいい」「男性なら男性用を使えばいい」というふうに簡単には片づかなくて、実は、見た目が「その性別らしくない人」には使いづらいようになっているのだ。

トイレといっても、実際にはいろいろな場面設定がありうる。学校や会社のトイレは、同級生や同僚など、トイレ以外の場所でも顔を合わせ

ている人たちと共有することが多いけれど、駅や商業施設（デパートや映画館など）のトイレなら、すれ違う人のほぼ全員が赤の他人だ。このうち、不特定多数の人が利用する後者の公共トイレでは、ぱっと見の外見で性別が判断されることになるから、どうしても見た目の「らしさ」がトイレの使いやすさに直結してしまう。「女性用トイレを使うのに差し支えない程度に女らしい女性」か、「男性用トイレを使うのに差し支えない程度に男らしい男性」でないと、現状のトイレはスムーズに使いづらい状況にあるということだ。

会社の同僚だったら、その短髪のグレーヘアの同僚が女性であることをみんなが知っているかもしれないけれど、知らない人しかいない駅のトイレでは、その女性は不本意なことにトラブルに見舞われるかもしれない。なぜって、そういうトイレではぱっと見の外見だけが、性別を判断するための材料として使われているから。要するにそういう状況では、その人の戸籍の情報や、生まれたときの性別、そしてふだん生きている性別は無視されることになる。女性用や男性用のトイレを使うとき、戸籍謄本を入り口で誰かに見せたことがある人はいないと思う。

トイレという性別分けスペースの話になると、「トイレは身体で分かれている」とか「戸籍の性別に従ってトイレを使っている」とか、答えたくなる人は多いようだ。でもいま確認したように、それらは実際のトイレの使われ方とはあまり関係がない。誰しも排泄のためにトイレを使うし、そのとき女性は女性用のトイレを使い、男性は男性用のトイレを使う。加えて、「女らしい」見た目や「男らしい」見た目だと、トイレの使いやすさが上がる、それだけのことだ。ここには、戸籍謄本や染色体の検査結果、ましてや外性器の形なんて出てこない。

ちなみに、ここでは性別分けスペースの例としてトイレを挙げたけれど、カラオケボックスやマッサージ店など、そのほかの性別分けスペースでも同じことがいえる。一部のサービスを除いて、たいていの性別分けスペースは、その人の**生活上の性別**に従って運用されている。だから、

自分が「その性別である」ことを示すのに、戸籍謄本や保険証、生まれたときの性器の写真や、これまでの人生を録画したムービー、はたまた現在の外性器や内性器の検査結果を提示するよう求められることはあまりない。「いまどんな性別で生活を送っているか」が問われていて、その場合の性別は、本人の自己申告や、ぱっと見の外見など、わりと曖昧な尺度で判断され、それが性別分けスペースの運用に適用されている。女性として予約を入れてきたマッサージ店のお客さんが、問診票にも「女性」に〇をしていて、ぱっと見も何となく女性的な雰囲気だったら、その人が「女性であること」を疑う理由なんて存在しない。その人は身体が疲れたからマッサージにきたのだろうし、その人は女性としてサービスを受けて、店を去る。それだけのことだ。

　こんなふうに、性別分けスペースが曖昧な尺度で運用されているのはなぜだろうか。それは、**日常生活のなかですでに「生活上の性別」が形成されていて、性別分けスペースはその延長で利用されているにすぎないからだ。**だから、「いまどんな性別で生活を送っているか」という実態に反して、「あっち」の性別分けスペースを利用することは基本的にありえない。女性として生活している人は、駅では女性用のトイレを使うし、カラオケの女性フロアに案内されるし、女性としてマッサージ店で接客される。そのとき、「女性らしい見た目」であれば、いろいろと話がスムーズになることがある。それだけのことだ。

▶ 性別二元制社会

　これまでずっと、男性と女性という2種類の性別の話だけをしてきた。実際「性別」というと、男性か女性の話だろうと思われることが圧倒的に多い。この社会の制度や法律、考え方や規範は、どれもこれも「男でなければ女」「女でなければ男」という想定で設計されているといって

よさそうだ。

　外見や話し方が「男らしくない」人とか「女らしくない」人なら、ほとんどの人が会ったことや見たことがあるだろう。みんながみんな、「男らしい男性」や「女らしい女性」であるわけではないのだから、そうではない人も当然たくさんいる。あなた自身が、そうなのかもしれない。でも、そういう「性別らしさ」と「その性別であること」は別の次元だ。これはさっき書いたとおり。ここで問いたいのは、「男らしくもなく、女らしくもない」人ではなくて、「男でもなく、女でもない」人の存在についてだ。

　現在の社会が用意している回答は、明白だ。そういう人は存在しない。あるいは、実際には存在しているとしても、いないことにしていいというものだ。そもそもいまの社会では、生まれたばかりの子どもに「男・女」どちらか一方（だけ）の性別を割り振って、法的に登録する。だから、この世に生を受けた時点から、「男性か女性のどちらかではない人」はいない前提で世界は始まっている。

　さらにいえば、そうして「男or女」を登録された子どもは、その性別のまま、ずっと成長していくことを期待されている。女の子が生まれたら、その子どもはやがて少女になって、成人の女性になって、おばさんになって、おばあさんになっていくものとして考えられている。そうである以上、その「女の子」が成長していくなかで「男性か女性のどちらか一方ではない人」としてのアイデンティティを確立して大人になっていく未来は、想定外だ。

　生まれた時点から（あるいは出生前の診断から）、新しく生まれてくる子どもの人生は男か女のどちらか一方でしかありえないことになっている。それも、生まれたときに与えられた初期想定の性別から外れることはないものとして。生まれてから、死ぬまで。ずっと男性として生きなさい、ずっと女性として生きなさい。生まれたときに登録された「男」や「女」であることをやめて、反対側の性別として生きていく人がいるこ

となんて、この社会はほとんどまったく想定していない。そして、男でも女でもない存在なんているはずがない。そんな前提で、すべてができあがっている。

　何かが、おかしい。そう思わないだろうか。

まとめ

性別って何だろう

- いまの社会では、性別がすごく重視されている。
- ある性別であることと、ある性別らしくあることは違う。
- 性別らしさの規範によって、「男性と女性は最初から外見が違うものだ」という思い込みが強化されている。
- 性別は、特定の身体の特徴には還元されない。
- 性別は、多くの人にとってアイデンティティの一部をなす。
- 性別は、多元的なものである。
  - ➤ 書類の性別、生活の性別、身体の性的特徴、ジェンダーアイデンティティ
- いまの社会は、女性・男性という2つの性別しか想定していない。
- 性別を変える人がいることは、いまの社会では想定されていない。

第2部

基礎知識

　第2部では、トランスジェンダーと呼ばれる人たちはどのような人たちなのか、そしてどのような状況を生きているのか、順を追って説明していく。

　これまでの第1部「性別の重み」では、社会で性別がいかに重視されているかを確認してきた。それほど大事な性別が、生きていくうえで大きな障壁として現れることが多い集団がトランスジェンダーだ。

　確かにトランスジェンダーの人たちは数が少ないし、トランスジェンダーではない多くの人とは違った経験・感覚・悩みをもっていることがある。でも、トランスジェンダーの人たちが巻き込まれている大変さのほとんどは、社会の仕組みによってもたらされている面がある。心の内側に悩みを抱えている、というよりも、社会の「性別の当たり前」によって困難を経験しているってこと。そのことをいつも頭の片隅に置きながら、第2部を読むようにしてほしい。（以下では、「トランスジェンダー」を「トランス」と略記することがある。）

Q1 ▶トランスジェンダーとはどんな人たちを指すの?

　トランスジェンダーというのは、どういう人を指す言葉なのだろう。最近では**出生時に割り当てられた性別とジェンダーアイデンティティ（性自認、性同一性）が異なる人**というふうに説明されることが多い。あるいは**出生時に割り当てられた性別に期待されるあり方とは異なる性のありようを生きている人たち**というふうにいわれることもある。逆に、トランスジェンダーではない、人口の99％以上を占める人たちを、シスジェンダーと呼ぶ（以下では、「シスジェンダー」を「シス」と略記することがある）。

　トランスジェンダーという言葉についてのこの2つの説明のうち、どっちがより正確なのかについては、結論や合意があるわけでもない。大事なのは、こうした言葉が何を意味しているのか、つまり、トランスの人たちがどんなふうに生きているのかという現実だ。

　一つ注釈を加えると、「トランスジェンダー」という言葉も「ジェンダーアイデンティティ」という言葉も、それがいまと同じような意味で使われるようになったのはごく最近のことだ。時代や地域によって、自分たちを説明したり、自分たちを納得させたりするための言葉には違いがあるし、少しでも適切な説明を探し求めて、言葉のアップデートがおこなわれるのも当然ではある。だから、この本もあくまで現時点で最も受け入れられている言葉を採用しているにすぎない。

　言葉の使い方については、ほかにも知っておいたほうがいいことがいくつかある。

・トランスジェンダーの人たちのなかには、「ジェンダーアイデンティティ」という概念がいまいちピンとこないと感じている人たちもいる。そういう人たちにとっては、さっきの説明であれば、後者の**出生時に割り当てられた性別に期待されるあり方とは異なる性のありようを生きて**

いる人たちのほうがしっくりくるかもしれない。

・過去の「トランスジェンダー」的な人物をどんなふうに語るのかということも、けっこう難しい問題になる。「ジェンダーアイデンティティ」はおろか「トランスジェンダー」という言葉さえ使われていなかった時代・地域の人が、たとえ現代の私たちの目にはどうみても「トランスジェンダー」として映るとしても、安易な同一化は避けたほうがいいこともある。現代の私たちは、過去にはなかった概念や発想を手に入れてしまっていて、それらの概念や発想に基づいて自分たちのことを言い表しているにすぎないのだから。

・地域によっても、理解の仕方には差がある。アイデンティティという概念で個人を理解しようとする姿勢自体、西洋の価値観が強いから、ほかの地域で生きる人たちの性別を「ジェンダーアイデンティティ」で捉えようとすると、どうしても植民地主義的な振る舞いになってしまう。このことは気をつけたほうがいい。

　ところで、トランスジェンダーの説明として、**心の性と身体の性が異なる人**とか、**反対の性別になりたい人**という説明を聞いたことがある人は多いのではないかな。それらは、かなり不正確な説明ではある。だけど、生まれたときに**あなたはこの性別ですね**と指定された性別に、何らかの違和感を抱えている人や、そうした違和感を抱えたことがある人のことを指そうとしているのは確かだ。その意味では、最初に紹介した「出生時に割り当てられた性別とジェンダーアイデンティティが異なる人」という説明と、いわんとしていることは似ている。そうした人たちは、その「異なり」に由来する違和感をなくすために「性別移行」（自分の性別を変えていくこと）をすることがあり、結果として「生まれたときに割り当てられた性別に期待される性のありよう」から逸脱していく。冒頭で紹介した2つ目の説明が、こうして出てくることになる。

　少し抽象的になってきたから、そろそろ具体例を挙げよう。

例えば、ある人が妊娠していたとする。その人は、エコー検査を通して子どもの身体の形状を知って、産婦人科の医師から「女の子ですね」と言われた。出産してみると、周りの医師や看護師、あるいは助産師も「女の子」だと言う。こうしてその人は、周りの大人たちと合意のうえ、その子を女の子として育て始めることにした。出生届にも「女」と書いて提出するし、戸籍にも住民票にも、その子は「女」として登録される。**出生時に割り当てられた性別**というのは、こうして判定・登録された性別のことを指す。

　しかし、公的に「女」として登録して、女の子として育てていた子どもだとしても、成長するにつれて「やっぱり自分は女じゃないな」と認識して、違う性別として自分を捉えるようになったり、違う性別で実生活を送るようになったりすることがある。つまり、その子はトランスジェンダーだったんだ。もしかしたらその子は「トランスジェンダーの男の子」かもしれないし、男女どちらかだけにぴったり自分を当てはめない「ノンバイナリー」や「ジェンダー・クィア」の子だったのかもしれない。

　いまの社会では、生まれてきた子どもの性別を判定しない、登録しない、ということは通常ありえない。だから私たちの誰もが、そうして割り当てられた性別を背負って人生をスタートすることになる。しかし、いま例に挙げたその子は、「女の子」や「女性」としてのアイデンティティを形成しなかった。自分をどの性別の人間として理解して、どの性別の人間としてこれからも生きていくつもりなのか、という性別のアイデンティティが「女性」ではなかったということだ。その子がトランスジェンダーの男の子なら、その子は「男性」としてのジェンダーアイデンティティをもっているのかもしれない。**出生時に割り当てられた性別とジェンダーアイデンティティ（性自認、性同一性）が異なる人**という、最もよく使われるトランスジェンダーの説明は、こういう例に該当する。

　あるいは、そうしたジェンダーアイデンティティという発想が自分に

ピンとこないとしても、その子は自分の「女性的な」身体の特徴や、「女性としての」生活のありように違和感をもっていて、結果として男性としての身体や生活を求めていくことになるかもしれない。——この子は女の子なのだから、女の子として成長して、女性として生きて、女性として死ぬにちがいない——。親だけでなく、社会全体がその子に向けていたそうした期待に、彼は応えることをしなかった（あるいはできなかった）のだ。**出生時に割り当てられた性別に期待されるあり方とは異なる性のありようを生きている人たち**という、やはり最初に紹介したトランスジェンダーの説明が、こうして導かれる。もちろん、ジェンダーアイデンティティをはっきり実感しているタイプの人にも、この説明は当てはまることが多い。

Q1-1 トランスジェンダーという集団に、「女」や「男」を生きる人が含まれているの？

そうそう。次はもう少し細かく説明していこう。まず、「トランスジェンダー」というのは、一つの性別のあり方を指す言葉だと思ってほしい。もっと正確にいうと、生まれたときに割り当てを受けた性別（この子は女の子／男の子だ、と主に外性器に基づいて最初に決められた性別）があったにもかかわらず、「自分はそれとは違う」という気づきに至って、結果として性別に何らかの**ズレ**が生じるようになった人たち。それがトランスジェンダーだ。

すぐに想像がつくと思うけど、トランスジェンダーのなかには「自分の性別は女性なのに、なぜか男性扱いされている」と違和感を覚えてきた人（＝トランスの女性）もいれば、「自分の性別は男性なのに、なぜか女性扱いされている」と違和感を覚えてきた人（＝トランスの男性）もいる。それに、既存の男女の枠組みに当てはまらないノンバイナリーの人もいる。もちろん、ノンバイナリーの人たちも「女」や「男」として死ぬまで生きてくださいという社会の期待に背いているという点ではトラ

ンスジェンダーの一員だ。

トランスジェンダーの女性（略して、トランス女性）とは、出生時に割り当てられた性別が男性だったけれど、ジェンダーアイデンティティが女性である人、あるいは女性としてのあり方を生きている人を指す。男の子や男性として扱われることに違和感を覚えて、女の子や女性の集団に帰属意識をもつ人が多い。つまり、男性を見ると「異性だな」と感じて、女性を見ると「同性だな」と感じることが多いってこと。トランス女性は、客観的な見え方としては「男」の境遇から「女」の境遇に移っていく人が多いように見えるので、かつてはMale to Female（男から女へ）の略で「MtF」と呼ばれることもあった。いまも、一部の当事者はその名称を名乗っている。そのこと自体はまったく悪いことではないのだけど、自分のことを一貫して女性だと認識して生きているタイプの当事者からすれば、「男から女に変わった」というイメージを喚起する「MtF」という表現は、侮蔑的に感じられることもある。だから、この言葉が公に使われる機会は徐々に減ってきている。

トランスジェンダーの男性（略して、トランス男性）とは、出生時に割り当てられた性別が女性だったけれど、ジェンダーアイデンティティが男性である人、あるいは男性としてのあり方を生きている人を指す。女の子や女性として扱われることに違和感を覚えて、男の子や男性の集団に帰属意識をもつ人が多い。こちらも同様に、トランス男性のことをFemale to Male（女から男へ）の略で「FtM」と呼ぶこともあり、そう名乗っている当事者もいるけれど、使われる機会は減ってきている。

ノンバイナリーとは、男女いずれかのバイナリーな（二元的な）性別に持続的に自分の性別を当てはめない人を指す。ざっくりいうと、生まれてから死ぬまで、常に「女性」や「男性」のどちらか一方である、という性別のアイデンティティをもっていない人たちのことを指す。ノンバイナリーのなかには、性別がないと実感している人（＝無性・Aジェンダー）、男女どちらでもある人（＝両性・バイジェンダー）、男女どちらで

もなく別の性別である人（＝第三性・サードジェンダー）、あるいは性別を揺れ動いていると実感して生きている人（＝不定性・ジェンダー・フルイド）など、いろいろな人たちがいる。「ノンバイナリー」という言葉は、出生時に割り当てられた性別が男女どちらだったかによらず、単にノンバイナリーというよ。

　ちなみに日本ではXジェンダーという言葉がノンバイナリーと似た意味で使われてきた歴史がある。いまもXジェンダーの当事者はたくさんいて、Xジェンダーのためのコミュニティも存在する。これまでは、出生時の性別割り当てが女性だったXジェンダーの人をFtX、同じく男性だったXジェンダーの人をMtXと呼ぶことが一般的だったけれど、これまた「本人のアイデンティティや生き方を無視して、生まれたときの性別ばかり重視する必要はないんじゃない？」という理由もあって、単に「Xジェンダー」という言い方がされる機会が増えてきた。ノンバイナリーやXジェンダーの人には、生まれたときに指定された性別を他者に知られることを望まない人もいるから、そういう人たちにとって、これらの言葉は名乗りやすいものになっているんだ。

　もちろん、生まれたときに指定された性別の違いが、ノンバイナリーやXジェンダーとしての経験に影響することもある。それを説明したい場合には「出生時に女性／男性を割り当てられたAssigned Female／Male At Birth」という言葉の頭文字をとって「AFAB／AMAB」という略語を使って、その人の状況を言い表すこともある。例えば「AFABのノンバイナリー」とは、生まれたときに女性を割り当てられたノンバイナリーの人、ということになる。

Q1-2 トランスジェンダーは「同性愛者」とは違うの？

　トランスジェンダーとは、出生時に割り当てられた性別とジェンダーアイデンティティ（もしくは生きていく性別の実態）が異なる人のことだから、要するに性別のあり方がマイノリティの人たちのことだ。それに

対して同性愛者とは、同性を好きになる人のことで、つまりは性的指向がマイノリティの人のことだ。「性的マイノリティ」「性的少数者」や「LGBT（LGBTQ＋）」というくくりで、トランスジェンダーも同性愛者もまとめて語られる機会が多いけれど、何がマイノリティなのかは、少し違っている。

　トランスの人が誰を好きになるのか／ならないのかは、この本で取り扱うテーマとは関係ないから扱わない。だけど、トランスジェンダーの人で、なおかつ同性愛者である人も当然ながらいることは覚えておこう。トランス女性は女性なのだから、その全員が男性を好きになるんでしょ？というのは誤解だ。トランス女性のなかには、例えば女性を好きになるレズビアンの人もいる。ゲイのトランス男性もいる。シスジェンダーに異性愛者と同性愛者がいるように、トランスジェンダーも多様だ。

Q1-3 トランスジェンダーは「性同一性障害」とは違うの？

　性別に違和感がある、という表現を聞くと、日本では「性同一性障害」という言葉をイメージしやすいのだろう。性同一性障害とトランスジェンダー。この2つが同じ意味の言葉なのかといわれたら、それは違う。ただし、両者が無関係かといえば、全然そんなことはない。順を追って説明しよう。

　そもそも性同一性障害（Gender Identity Disorder: GID）は、性別に違和感を抱えるトランスの人たちが、医師から何かしら診断を受けるときに使われてきた名称だ。だから、いうなれば病気の診断名。ここには、トランスジェンダーの人たちを「病気」や「（精神）疾患」として扱うという、よくない発想も存在している。

　それに対して、トランスジェンダーであるとは、何らかの性のあり方を指しているにすぎず、それは医師が「診断」して見つけるものではない。むしろ「トランスジェンダー」という言葉は、自分たちを「病気・障害」として扱ってきた精神医学者たちに対するカウンターとして、つ

まり**勝手に自分たちを病気扱いするな！**というメッセージと一緒に使われてきた歴史もある。だから、「性同一性障害」と「トランスジェンダー」は、水と油のような関係にあるといわれることもある。

Q1-4 トランスジェンダー的な人たちは、病気や障害として扱われてきたの？

うん。びっくりするかもしれないけれど、精神医学には、トランスジェンダーに限らず、いまでいうLGBTQ＋の人たち、つまり性のマイノリティの人たちを「異常な」「病気の」人たちとして扱ってきた歴史がある。

同性愛に対する差別的な歴史から話そう。現在でも世界的に大きな影響力をもっているアメリカ精神医学会発行の「精神疾患の診断・統計マニュアル」（Diagnostic and Statistical Manual of Mental Disorders：DSM）は、最新の医学的知見に沿ってたびたび改訂されてきたけれど、1952年の初版からすでに同性愛を「性的逸脱」に含めていた。さらに、68年刊行の第2版（DSM-2）では、わざわざ「同性愛」を診断名として独立させた。同性愛者であることを治療すべき病気と見なす、とても差別的で危険な発想をもっていたんだ。これを、同性愛の病理化という。

その後、当事者たちからの抗議運動もあり、独立した診断名としての「同性愛」は5年足らずでDSMから消えた。しかし、同性愛の「脱病理化」がそれで成し遂げられたわけではない。その後もアメリカ精神医学会は、同性愛であることを苦痛に感じている人が治療を受けられるように、何らかの診断名は残したほうがいいという姿勢を変えなかった。そのために、「性指向障害」とか「自我違和性同性愛」などの診断名がその後もDSMには残されつづけた。最終的に1987年の第3版改訂版（DSM-3-R）が発行されるまで、同性愛の病理化の歴史は続いた。自分が異性愛者であることに悩む人のための診断名を作ったり、その悩みを解消するための治療法を研究したりする人はいないのに、同性愛者に対

してはそういうことをしてきた。それが精神医学の歴史なんだ。

　トランスジェンダーの病理化の歴史も、同じような背景から理解する必要がある。繰り返すけれど、精神医学は「正常」とされる性のあり方を勝手に決めて、そこから逸脱する人たちに「病気」のレッテルを貼ってきた。その場合の「正常な性のあり方」を決めてきたのは、ほとんどすべての場合、異性愛の白人男性たちだ。彼らはしばしば、女性蔑視（ミソジニー）的な考えをそのまま診療に持ち込んで、女性たちに身勝手な「診断」を下したりもしてきた。だから差別的な偏見に基づいて医学者たちから不当に「病気・障害」のレッテルを貼られてきたのは、トランスジェンダーだけではないんだ。

Q1-5 トランスの人たちは、もう医師とは縁を切ったの?

　いや、事情はそんなに簡単ではない。トランスの人たちのなかには自分の身体や生活に著しい違和感や不合感を覚える人もいて、その苦痛はしばしばとても大きい。だからそうした苦痛を緩和するために、トランスの人のなかには、外科的な手術や内科的なホルモン投与によって自分の身体を変えようとする人がいる。詳しくはこのあとで紹介するけれど、そうした手術やホルモン投与は、それ自体では医学的な措置だし、とくに手術は身体に大きな介入と負担を与えるものだから、なるべくちゃんとした医師の手によっておこなわれたほうがいい。

　実際には、「性同一性障害」や、それ以前の「性転換症」などの名称も、そうした複雑な背景から生み出され、使われてきた歴史がある。外科手術やホルモン投与など、明らかに身体に大きな影響を与える措置をおこなうときに、ちゃんとした診断名を患者に与えておかないと、医師が（傷害などの）罪に問われかねないからね。「性同一性障害」などの疾患名は、一方ではトランスジェンダーをそれ自体で病理化するという悪い歴史の産物だけど、トランスの人たちが安定的に医療にあずかるために役に立ったという側面もあるんだ。

Q1-6 「性同一性障害」という診断名は使われなくなったの？

　うん。「性同一性障害」の名称は、もう精神医学の領域で使われなくなっている。2022年1月から、世界保健機関（WHO）が出している「国際疾病分類」の最新改訂版（ICD-11）が有効になり、それまで「精神障害」のカテゴリーに含まれていた「性同一性障害」という概念はなくなった。

　最新版では「精神障害」とは別のカテゴリーである「性の健康に関連する状態」に移動して、名称も**性別不合**（Gender Incongruence）に変わったんだ。このカテゴリーの移動からわかるのは、トランスジェンダーの人たちを、ただそれだけで「疾患」や「障害」として扱う時代は完全に終わりを告げたということ。とはいえ、依然としてWHOの「国際疾病分類」に「性別不合」が残っていることからもわかるように、トランスの人たちが医療者たちと縁を切ったわけではない。むしろ、トランスの人たちが必要な医療的措置にアクセスしやすい状況を保つために、わざわざこうしたカテゴリーに移動させて、新しい言葉に置き換えたんだ。ちなみに、先ほど紹介したアメリカ精神医学会のDSMも、同じような発想から**性別違和**（Gender Dysphoria）という言葉を残している。

　診断名が「性同一性障害」から「性別不合」や「性別違和」に変わったことの意味は、脱病理化（それ自体で精神疾患ではなくなったこと）にとどまらない。これまで性同一性障害の診断にあたっては、「反対側の性別への強い持続的同一感」をもつかどうかが重視されていた。だからノンバイナリーの人たちは（ホルモン投与や手術などの）治療を必要としていても排除されていたし、ノンバイナリーではないトランスの男性や女性でも、「反対の性別」らしく振る舞わないと、医師が本人の訴えに納得せず、治療をしてくれないことがあった。過去には、外性器の手術を受けたいと望んでやってくるトランス女性に対して、「お前は背が高いから女性にはなれない、だから手術はしない」とか、「本当に女性にな

りたいなら、男性的な職業はやめて、女性がするような仕事をすべきだ」とか、わけのわからない偏見に基づいて手術を許可するかどうかを決めるケースもあったんだよ。

　それが「性別不合」や「性別違和」の概念に置き換わっていったことで、「反対の性別」に「持続的」に同一感をもっているわけではない人も、治療にアクセスしやすくなった。これは、喜ばしい変化だといえる。

Q1-7 トランスジェンダーって「性器を手術したい人」のイメージがありました

　ずいぶんと偏ったイメージだけれど、そういうイメージをもつ人は多いのかもしれない。世の中の多くの人は、性別をすぐに性器と結び付けるし、トランスジェンダーの人たちの外性器に、いつも特別な興味をもっているから、かつては、広い意味でトランスジェンダー的な人たちのうち、性器の手術まで絶対におこないたいと望むような人のことを「トランスセクシュアル」と呼び分けることもあったね。

　トランスの人たちのなかには、自分にとって必要な医療として性器の手術を望み、実際にそれを受ける人がいる。でも、それを望まない人もいれば、望めない人もいる。だから性器の手術を望むかどうかは、その人が「真のトランスジェンダー」であるかどうかとは無関係だ。

　それなのに、こうした偏ったイメージばかりが流布しているのは、「性別を変える」ということの意味が多くの人にとってイメージしづらいからなのだろう。実際、ドラマなどでこういうシーンを観たことはないかな？　トランスジェンダーの人が、あるとき性器の手術を受けて、ペニスを切除して、その日から晴れて女性になりました。めでたしめでたし――。こういう描写は、いろんな意味で間違っている。何より間違っているのは、性器の手術を受けたとしても、それだけではその人の社会生活はほとんどなにも変化しないという点だ。日常では、みんな下着とズボン・スカートをはいて生活しているよね。だから、手術によって

ペニスを切除しようが、あるいはペニスを形成しようが、それだけで生きていく性別をまるっと移行することはできない。性器という局所的な部位にこだわらなくても、日常的な場面での性別移行はおこなわれる。そして、生きていく性別を変えるというのは、性器の手術のように短時間で終わる単発的なものではなく、もっと複雑で時間がかかる、面倒なプロセスだ。

　ちなみに、「手術を受けたことで性別がスイッチ！」という粗雑なイメージが流布してしまった責任の一端は、「性転換（手術）」や「性転換症」などの言葉にもあるかもしれない。さっき、トランスジェンダーに対する医学的な診断名には「性同一性障害」のほかに「性転換症」があった、と紹介した。この「性転換」という言葉は、どうしても、**あるとき一瞬で性別がスイッチする**という間違ったイメージを喚起してしまう。現在では、「性転換」という言葉はどこでも使われなくなっていて、かつて「性転換手術」と呼ばれていたものも、現在では「性別適合手術」や「性別再割り当て手術」と呼ばれる。これでもまだ、「あるべき性別」の型がどこかに存在しているような偏ったイメージがあるから、完璧な言葉ではないかもしれない。でも、トランスジェンダーの人たちの実態に即した言葉にどんどん置き換えが進んでいけば、より正確なイメージに近づいていくだろう。

Q2 ▶ トランスジェンダーって、「女らしさ」や「男らしさ」の押し付けがいやな人たちのこと？

　生まれたときに指定された性別に違和感がある人たち。そんなふうに聞くと、それって「女らしさ」や「男らしさ」への違和感と何が違うの？と思いたくなるかもしれない。実際、そういう勘違いは起こりがちだ。例えば、トランス女性というのは「男らしく」あるのが無理だった人のことなんだから、結局は男らしくない男性なんじゃないの？とか。

だからトランス女性は、男らしくない男性として生きていけばいいんじゃないの？とか。でも、それは視点がズレてしまっている。

Q2-1 トランスの性別違和は、「らしさ」の問題とは違うの？

　そうだね。いったん、性別にまつわる2つの次元を分けて考えてみよう。すでに第1部で書いたことだけど、**その性別らしくあることとその性別であること**は違う。女らしくない女性がいたとしても、その人は（女らしくない）女性なのであって、（女らしくないから）男性である、ということにはならない。

　このうち、いまの社会では「性別らしさ」が何らかの押し付けになっているということも、第1部では確認したね。覚えているだろうか。女性ならばメークをしろ、膝をそろえて椅子に座れ、男性ならば髪を短く切れ、スカートをはくな、など。こうした「らしさの押し付け」を、ここでは「課題」という言葉で理解しておこう。そうした**性別らしさの課題**は、トランスジェンダーではない人にもなじみがあるものだろうし、それに反発したくなる人は少なくないだろう。

　しかし、「その性別であること」についてはどうだろうか。おそらくすべての人にとって、自分が「女性」や「男性」として生まれたという事実は、自分にはどうしようもない決定事項でしかない。なぜなら、どちらかの性別を好き好んで生まれてきた人はいないからだ。そういう意味では、生まれたときにどちらの性別として生まれるか、より正確にいえば、どちらの性別で判定されやすい身体をもって生まれるかということは「押し付け」られたものだ。この押し付けは、さっきの「性別らしさの課題」と同じように整理するなら**性別であることの課題**とでも呼ぶことができる。つまり、これらは別の課題だ。

　①その性別（女／男）で死ぬまで生きなさい、という課題
　②その性別ならその性別らしく生きなさい、という課題

ふだんあまり考えないことだろうけれど、実は、私たちには生まれたときからこれら2つの課題が与えられている。きっと2つ目の課題に反発を覚える人は多いと思う。「女らしくしなさい」「男のくせに」などと言われたら、シスだろうとトランスだろうと、誰だっていやな気持ちになる。無理やり「女らしさ」や「男らしさ」に合わせて自分を押し殺すよう強要されるなんて、結局のところ国家や権力者にとって都合がいい人材になって都合がいい子種を提供することを求められているわけだから、いったい何のために生きているのかわからなくなるだろう。

他方で、1つ目の課題はそもそも「課題」として認識されづらく、何の話をしているかすぐにイメージがわかないかもしれない。そんな1つ目の課題を背負いきれなくなったのが、トランスの人たちだ。結果としてトランスの人たちは、出生時に割り当てられた性別ではない、もっと自分が自分として生きられる性別のあり方に適合しようとする。それは、自分らしく生きるためというよりも、ただ生きるためだ。反対の性別に「なりたい」とか「そう信じている」というよりも、与えられた性別では生きていけない、つじつまが合わないという感覚や、現在とは違う性別であると自分を理解し、そうした性別で生きたりしたほうが明らかに整合性がある、という感覚に近いといえるだろう。

例えば、あるトランス男性のケースで考えてみよう。そのトランス男性は、学校の制服のスカートをいやがっている。彼に対して、「でも、スカートが好きではない女子もいっぱいいるんだからいいでしょ？」と励ましたところで、その指摘はピントがずれてしまっている。だって、「スカートがいや」ということ以上に、「男性扱いされず、なぜか女性扱いされること」が、彼にとって大きなつまずきになっているのだから。この感覚は、シスジェンダーの女子生徒にスカートを着せていやがっている状況よりも、シスジェンダーの男子生徒にスカートを着せていやがっている状況に近い。「スカートがいや」という以上に、「え、そもそも

なぜ女ではないはずの自分がスカートを?」という性別への不合感だ。伝わるかな。要するに、ただ「女らしさ」「男らしさ」がいやだからトランスジェンダーに「なった」わけではない。

Q2-2 トランスの人たちこそ「らしさ」にこだわっているのでは?

うーん、それもよくある誤解だね。きっと、こういうことだろう? さっきのトランス男性に向かって、「スカートが嫌いな女の子もいるよ」と声をかけるのは間違っているかもしれないけれど、今度は逆に、「スカートをはいた男子」のつもりで学校に通えばいいのでは、と。そして、「スカートをはいた男子」であるのがいやなのは、その子が「スカートは女のものだ」という固定観念、つまり性別らしさの規範にこだわっているからではないか、と。そのようなことを考えているんだろう。

残念ながら、ひどい間違いをおかしている。なぜって、それはこのトランスの男の子が置かれている状況をまったく理解していないからだ。この子は、学校にたくさんいるはずの男子生徒のなかでただ一人スカートの着用を命令されている。当然、こう思うだろう。「なぜ自分だけがスカートを押し付けられるのか」と。だから、この子どもが抱えている違和感を「スカートへの違和感」として理解するのは、本当は間違っている。正しくは、「男子のなかで自分だけがスカートを強制されていることへの違和感」と言ったほうがいい。そんな彼に対して「スカートをはいた男子として登校すればいい」というアドバイスがなんの役にも立たないことくらい、すぐにわかるだろう。もし彼にそう言ってスカートをはくことを強制するのなら、その学校の男子生徒全員にスカートを強制しなければフェアではない。それでも、「スカートをいやがる男子は、性別らしさの規範にこだわりすぎています」なんて大人が上から目線で言うのはけっこうひどいことだ。

Q3 ▶ トランスジェンダーの人たちは、どれくらいいるの?

　トランスジェンダーの人がどれくらいいるのかについては、調査によって少しずつ差がみられる。とはいえ、ジェンダーアイデンティティが男女いずれかに安定しているわけではない「ノンバイナリー」の人も含めれば、だいたい人口全体の0.4％から0.6％ほどがトランスジェンダーだろうといわれている。このうち、信頼できる調査をいくつか踏まえると、トランス女性とトランス男性がそれぞれ人口の0.1％ずつ、そしてノンバイナリーが0.2％から0.4％くらい。これが実情に即した数字だと考えられる。このうち、生活していく性別を変える人となると、その割合はさらに少なくなる。トランスの人の全員が性別移行を望むわけではないし、性別移行を望むすべての人が、それを成し遂げられるわけではないからだ。

　もちろん、調査によって少しずつ言葉の定義や説明も違うし、厳密な数字自体にはあまり意味はない。それに、幼少期から自分がトランスジェンダーであることに気づきやすい環境が増えて、カミングアウトしても虐待を受けないような環境が整っていくにつれて、この数字はある時期までは増えていくにちがいない。

　だから、ここで覚えておくべきことは3つある。まず、トランスジェンダーの人は人口のだいたい0.5％くらいであるということ。次に、そうした数の少なさもあって、いまの社会のほとんどすべての制度や設備は、トランスの人々を想定しないまま、すでにできてしまっているということ。最後に、それでもトランスの人たちのなかには生きていく性別を変えてきた人がいるし、これからも絶対にそうした人はいるだろうということだ。

Q3-1 200人に1人って、意外と多くない？

　0.5％という数字は、3つのサイコロをいっぺんに振ってすべて「1」が出る（ピンゾロの）確率（0.46）とほぼ同じ数字だ。これだけ聞くと、かなり珍しいようにも感じるだろう。でも200人に1人と考えれば、その割合はかなりのものだ。人口10万人の都市に500人前後、全校生徒400人の学校に2人前後だから、当たり前のようにトランスの人は身近にいる。あなたも私も、気づかないうちにたくさんのトランスの人たちとすれ違ってきたんだろうな。そのわりには、どうしてトランスの存在に気づきにくいのだろう。

　それは、見た目ではっきり「トランスジェンダーとして」認知される当事者ばかりではないからだ。納得はいかなくても、出生時に割り当てられた性別でずっと性別を誤認されたまま生きていく人もいる。はたまた、納得がいく性別で生きていけるようになった人は、「自分がトランスジェンダーである」という情報をいちいちほかの人に伝えないことが多い。「生まれたときは違う性別だったんだ」とカミングアウトしたら、これまでシスジェンダー同様に平穏な生活を送れていたのに、身体の形状や過去の経験を詮索されたり、ひどい場合には「トランスジェンダーだからいや」という理由で使えるスペースを制限されたり、雇用を打ち切られたりすることもあるからね。それほど差別ははびこっている。だから「自分はトランスジェンダーです」とオープンにしている人は少ない。そういうこともあって、確かにこの社会で一緒に生きているはずのトランスジェンダーの人たちの存在を、あまり意識しないまま多くの人は生活しているんだ。

　そうしてトランスの人たちの存在があまり知られていないのは、決してトランスの人たちのせいではない。自分たちの存在をオープンにできないように、社会がトランスの存在を抑圧していることに問題がある。もちろん、埋没（トランスであることを誰にも知られず、望む性別でだけ一貫

して扱われること）を望むトランスジェンダーの人が、埋没しやすくなる環境整備は重要だ。大多数のシスジェンダーの人たちと同じような人生のスタートラインにやっと立つことができた、という埋没の状況は守られなければならない。

でもそれと同時に、トランスであることが否定的に受け止められなくなって、必要に応じてカミングアウトすることができる社会も、絶対に必要だ。あるいは埋没していた人が何かの拍子にトランスだと（本人が望んでいない状況で）バレてしまった際に、それだけで待遇が変わることなく生活できる社会も築かれなければならない。

Q4 ▶「性別を変える」ってどういうこと?

ここからは具体的に「性別を変える」とはどういうことか考えていこう。といっても、トランスの人のなかには「幼いころからはっきりジェンダーアイデンティティをもっていたし、自分は**性別を変えるわけではないんだけどなぁ**」という感覚の人もいる。だから「性別を変える」というとき、その「性別」で何を指しているのかは、はっきりさせておく必要がある。そういうわけで、そもそも「性別」とは何だろうか、ということから考えてみたい。

いきなりだけど、「性別」として指示されるものには4つある、と聞いたら驚くかな? でもすでに、性別が多元的だという話はしたよね。いまの社会では、性別はいくつもの水準で捉えられ、運用されている。具体的には、①書類上の性別、②生活上の性別、③身体の性的特徴、④ジェンダーアイデンティティの4つだ。

Q4-1 「性別」といわれるものは複数あるの?

うん。一言で「性別」といっても、どこでどんなふうに運用されているのか考えてみたら、いまいったとおり、4つくらいは思いつくでしょ

う？　ここからが本題。①書類上の性別、②生活上の性別、③身体の性的特徴、④ジェンダーアイデンティティで少しずつ指示対象は異なるため、どの「性別」を「変える」のかによって、やることも違う。順にみていこう。

①書類上の性別

　書類上の性別とは、事務手続きをするときなどに、書類に表記されている性別のことだ。ふだん生活しているときの性別と書類上の性別が一致していないという状況を経験したことがある人はきっと少ないだろうけど、それは一致しないことがあるし、実際にそういう人もいる。

　トランスの人ではなくても、書類上のミスで違った情報が記載されてしまうことはあるよね。例えば、こんなエピソード。昔、筆者の友達が海外でビザ（入国許可証）を発行して、性別欄を間違えられていたことがあった。友達は（シスジェンダーの）女性なのに、ビザには「男」と書かれていたんだ。これは単純に手続き上のミスだったんだけど、まさか大事な証明書でそんなミスが起きるとは思っていなかったから、友達も半年間くらい気づいていなかった。別の国に移動するときに、係員が「ホントにこれで合ってるの？」と不思議そうな顔をしたので、ようやく自分が公的手続きのうえでは「男」として通過していたことに気づいたんだって。修正を願い出たら、すぐに「女」に変えられたみたい。

　さて、ちょっと考えてほしい。彼女は、書類上の性別を「男」から「女」に変えた。もともと「女」と表記されているべきだったしね。でも、変わったのは書類上の性別表記だけ。彼女自身はまったく生活を変えていないし、身体もそのままだ。身分証に記されるような性別のことを、ここでは「書類上の性別」と呼んでいるけど、それって紙のうえでどう処理されるかを示しているだけなんだ。「男」と表記されている人物の生活実態が「女」だったとしても、正直、関係ないんだよ。だから書類上の性別は、生活とは切り離されることがありうるってことを、こ

こでは理解してほしい。

　トランスの話に移ろう。書類上の性別にもさまざまなものがあるけれど、とくに重視されるのは、公的な手続きで使われる身分証。すでに多くの国には、トランスの人たち自身の性別へと公的な書類上の性別を変更するための法律（一般に「性別承認法」と呼ぶ）が存在している。日本には2003年成立・04年施行の「性同一性障害者の性別の取扱いの特例に関する法律」（通称、特例法）があって、戸籍上の性別を「女」から「男」、あるいは「男」から「女」に変更できる。とはいえ日本は、国際的にはかなり厳しいレベルでこの要件を定めていて、戸籍変更をするのはハードルが高い。裏を返せば、日本以外の国では、同じ条件の人物だとしても、もっと早く性別を変えられる可能性があるということ。生活や身体の特徴によって、書類上の性別は一律に決められているわけではなく、その時代や文化に合わせて、運用されているんだ。

　トランスにとって**書類上の性別を変える**とは、そのときどきに求められる基準をクリアして、書類に書かれた性別を書き換えることを意味する。戸籍なら特例法の要件を満たすことで変更できるし、それに応じて、戸籍制度と紐づいた住民票やパスポートなどの性別表記も変えられる。とはいえ、戸籍よりも先に、施設の会員証や学校や企業での性別登録を変えてしまうことがほとんどだ。つまり、戸籍などの公的書類だけには誤った性別が表記されているけれど、それ以外の書類ではすべて性別変更ずみ、ということがある。これが、書類上の性別の実態。例えば大学の学生名簿やバイト先の社員登録には「女性」として記録されているけれど、戸籍だけは「男性」。そういったトランス女性はたくさんいる。

②生活上の性別

　生活上の性別とは、自分がふだん生活している性別のことを指す。男性扱いされる人にとっての「生活上の性別」は男性だし、女性扱いされる人にとっての「生活上の性別」は女性になるだろう。前項の「書類上

の性別」よりは、リアルな性別っぽいと思ったかな。

　とはいえ生活といっても、いろいろな場面がある。そして、場面ごとに性別の認識のされ方や重視される要素は違っている。例えば、公共の場で初めて会う人には「ぱっと見の外見（服を着た状態）」がその人の性別の判断材料になる。そこでは外見が、性別を決めるうえでの「重み」をもっているんだ。でも、初対面の人とメールでやりとりするときは違う。外見の情報がないぶん、性別の判断材料は少なくなるね。そういうときは、名前や役職で推測するかもしれない。電話で相手の情報を取得するときには、声が性別を知るうえでの手がかりになる。では初対面の人と違って、幼なじみの人ならどうだろう。こういうときは「その人がどんなふうに育ってきたか」の来歴が性別を決定づけている。だから、服装や声が変化したからといって、旧友が急にあなたをこれまでとは違う性別で扱うようになることはない。

　他方で、文字だけの交流になるような、インターネット上の付き合いではどうだろう。そういうときは、相手がオンライン上でどう振る舞うか、あるいはプロフィルに何を書いているかに依拠することになる。「このアカウントの人物は、かわいいグッズを集めているからきっと女性だろう」とか「文章の書き方が男性っぽい」など、さまざまな根拠を発見して、相手の性別を何となく想像していることは多いんじゃないだろうか。こんなふうに、「生活上の性別」といってもいろいろな生活の場面があるし、それぞれの場で性別を決定づける要素は異なっているんだ。

　そういうわけで、トランスの人が「生活上の性別」を変えるとなると、必要となる実践は場所ごとに変わる。オンライン上の交流であれば、名乗る名前を変えたり、プロフィルを書き換えたり、あるいは新しいSNSのアカウントを作ったりする。実際、性別移行をするぞと決めて、新しいSNSのアカウントを作るというのは「トランスあるある」だ。知り合いがいない商業施設で望む性別として過ごしたいと思ったら、服装を変

えたり、身体の動かし方を変えたりする。働く場所での性別を変えたいと思ったら、転職をして別人として就職しなおしたり、あるいは職場の人たちに説明したりして、望む性別で働ける状態を目指していく必要がある。最後に、自分を育ててきた親やきょうだいがいる実家で性別を移行するには、大変な労力が必要になることが多い。自分のアイデンティティを説明したり、見た目や生き方の変化を弁明したりするのは骨が折れることだし、理解がない家族からはひどい言葉を吐かれるかもしれない。だから、実家の家族や親戚と丸ごと縁を切っているトランスの人も多いね。

③身体の性的特徴

次は身体の性的特徴。性別は身体との結び付きが強いけれど、さて、立ち止まってみると不思議だ。**身体の性別／身体の性的特徴**って何だろう。

このように問うと、外性器・内性器・分泌ホルモンなどが「身体の性別」だと答えたくなる人たちは多いようだ。でも、これは「書類上の性別」と似たようなもの。実際にその人がどのような性別で生きているかとか、どのような自己認識をもっているかとは、切り離されることがある。さらには、「身体」はいくつもの部位から成り立っているし、「性別」を推測させる身体の部位も多岐にわたっている。「身体の性別」は生まれたときから決まっていて、終生変わることがない絶対的なもの、というイメージも間違いだ。それは変えることができるからね。ちなみに、身体そのものを変えていなくても、いくらかの場所で「生活上の性別」を変えることは可能だ。

私たちはなぜか、「男性」を見るとそこに「男性の身体」という特定の性別の身体があると思いがちで、「女性」を見るとそこに「女性の身体」という特定の性別の身体があると思いがちだ。でもそこで私たちがみているのは、実際には社会的に作られた基準に基づく性別（いわゆる

ジェンダー）にすぎない。確立した「身体の性別」に基づいて、その人の性別が判断されるわけではない。むしろ逆だ。男性や女性とはこういうもの、という社会的な想定に基づいて判断した「男／女」の区別に応じて、そこに「男性の身体／女性の身体」があるという前提があとから作られている。

　この誤解は、トランスジェンダーの人が経験する性別適合手術に対する世の中の反応によく表れている。すでに書いたように、性別適合手術は「性別が変わった！」というイメージに直結している。もちろん手術は、本人の身体的な喜びや手術資金のための節約生活が終えられる喜びにつながっている。でも、性器の特徴が変わったからといって、途端に「生きていく性別が変わる」わけではないから、「手術によって性別が変わる」という認識にはかなり誤解が含まれている。実際のところ、ふだん誰かに見られるわけでもない皮膚の一部を切り取ったり、尿道の位置を変更したりしたところで、**「身体の性的特徴」が変わったとさえ見なされないケースが大半だ。**内性器を摘出すると若干のホルモンバランスの変化が起こることは確かにあるけれど、そのことでぱっと見の外見に大きな変化が生まれるわけでもないし、外性器を他人に見せる機会はほぼない。つまり、手術をしたかどうかの違いは、生活していくうえで被る「性別」の判定にほとんど影響しないんだ。ここからも、生まれたときから変わらない「身体の性別／身体の性的特徴」が局所的に存在していて、私たちはそれを互いに認識することで他者の性別を判断している、というのが誤解だということがわかる。

④ジェンダーアイデンティティ

　第1部で、性別がアイデンティティになっているという話をした。ジェンダーアイデンティティとは、自分が認識し、実感し、経験している性別をいう。あなたが自分自身をどう理解しているかというアイデンティティのなかで、性別にまつわる部分を指しているから、ジェンダーア

イデンティティと無関係でいられる人はなかなかいない。

　日本語では、「性自認」や「性同一性」と訳される。2023年6月にLGBT理解増進法（性的指向及びジェンダーアイデンティティの多様性に関する国民の理解の増進に関する法律）という、性的マイノリティが直面させられている差別には向き合う気のなさそうな法律が施行されたけれど、そこでも「ジェンダーアイデンティティ」「性自認」「性同一性」のうちどの用語を採用するかで国会でもめていたよね。元はといえばGender Identityの日本語訳だから、いっていることはどれも同じで、もめている意味はさっぱりわからなかったけどさ。

　さて、ジェンダーアイデンティティを具体的にみていこう。ふだん「男」という枠組みで何となく生きられている人のジェンダーアイデンティティは、きっと「男」だ。本当は自分のジェンダーアイデンティティは「男」ではないはずなのに、無理やり「男」をやらされている、という不一致感を抱かずに過ごしているわけだから。そういう人は、例えば「男性、集合！」と声をかけられたら「自分が呼ばれている？」となるし、「最近の男性にはこんな傾向がある」というニュースが流れてきたら「自分には当てはまるかな？」と、ちょっぴり自分ごととして受け止める。「男なんてキライ」と誰かが表明していたらイラッとするかもしれないし、性別欄に「男・女」という選択肢が設けられていたら、深く考えずに「男」に丸をできる。そっちの性別に**帰属しているという意識**があるんだろうね。

　シスの人たちのジェンダーアイデンティティは、基本的には否定される機会が少ない。それに対してトランスジェンダーの場合は、過度に軽視されることがある。本人のジェンダーアイデンティティが、「書類上の性別」「生活上の性別」「身体の性的特徴」といった他者からわかりやすい「性別」の情報と噛み合っていないようなとき、世の中ではしばしば、そうした表向きの性別の情報のほうが重みをもってしまう。

　例えば、本人が「自分は男だし、女扱いされるのはおかしい」と訴え

たとしても、他者からは「そんなの勘違いだよ」とジェンダーアイデンティティを否定されて、異なる性別である「女」扱いをされつづける、というトランス男性がいる。書類の記載や、これまで生きてきた生活の実態などが、ジェンダーアイデンティティよりも優先されてしまうということ。

　もちろん、トランスの人のジェンダーアイデンティティがいつも棄損されるとはかぎらない。同じトランス男性でも、「生活上の性別」などがすっかり男性的になれば、単に「男」として扱われるようになるわけだから、結果としてジェンダーアイデンティティが他者からも尊重されていることになる。それでも、例えば子宮がんの検診なんかを受けるために婦人科を受診したりするときは、「女」扱いされてジェンダーアイデンティティを急に全否定されることがあるかもしれない。

　さて、トランスの人たちが「性別を変える」とき、このジェンダーアイデンティティを変える人はいない。ジェンダーアイデンティティはむしろ、性別を変える際の一つの指針のようなものとして理解したほうがいいかもしれない。とはいえ、自分のジェンダーアイデンティティが何なのか、気づくタイミングは人によって違う。社会からずっと異なる性別で扱われているなかで、何かいいようのない違和感を抱えていたけれど、割り当てられた性別とは違う性別のアイデンティティが自分にあると自覚できるようになるまで、長い時間がかかる人もいる。大人になってからやっと、「周囲の人たちも性別がいやなのだと信じていたのに、みんなは私ほどの違和感を抱えていたわけではなかったんだ」と気づいてショックを受ける人もいる。さまざまな事情があるから、ジェンダーアイデンティティに沿って早めに性別を移行しておけばよかったのに、とは一概にはいえないんだ。

Q4-2 それで結局、性別を変えるって何をするの?

　次のQ5から具体的に説明していく前に、図2・3でざっと具体例を挙

げてまとめておこう。

　あくまでも一例だけど、トランスジェンダーの人たちが「性別を変える」というのは、これらのいずれかを実践していくことを意味している。次からは、これよりもさらに踏み込んで、「性別を変える」手立てについて話をしていくことにしよう。

Q5 ▶ 生活上の性別を変えるって、何をするの？

　あなたがふだん生活している性別を変えるとなったら、いったい何をどうすればいいのだろう。男性としてずっと生活していた人物が「今日から女です」と表明したり、女性としてずっと生活していた人物が「今日から男です」と表明したり、男あるいは女としてずっと生活してきた人物が「今日からノンバイナリーです」なんて言っても、残念ながらいまの社会では、ひどい冗談だと笑われるか、おかしくなったと哀れまれるか、無視されるか、せいぜいそんな反応が関の山だ。自分が扱ってほしい性別をただ口にしただけでは、あなたの生活は悲しいほどにまるきり変わらないだろう（あるいは、状況は悪くなるだろう）。

　実際に性別を変えるとなったら、扱ってほしい性別を告白する以上のことが多くの場所では必要になる。とはいえ、他人の性別が生きていくなかで変わるというのは通常「想定外」のことだとされているから、いまの世の中でスムーズに進んでいくことはほとんどない。でも、不可能なわけでもない。

　この本で**生活上の性別**といっているのは、身体の変化や書類上の扱いとリンクすると同時に、それらとは切り離されることもある、そういうものだ。そして、生活していくなかであちこちで認識され、確立される「性別」を少しずつ変えていくことは、オセロの石を白から黒へ（あるいは黒から白へ）1つずつひっくり返していくような作業に例えることができる。例えば、誰からも怪しまれることなく、「自分がこれから生き

書類上の性別を変える

- 顧客として登録した情報を修正する。
- 各種身分証を作り替える。
  - ➤ 会社や学校との交渉も必要
- 戸籍の性別を変える（戸籍氏名を変えることも多い）。
- 過去の身分証を処分する。

生活上の性別を変える

- 衣服を変える、歩き方やしゃべり方に気をつける。
  - ➤ 外見の変化
- 家族や会社にカミングアウトする、生活の変化を弁明する。
- 過去を隠蔽する。
- 過去を知る人間との縁を切る。
- 職場や住居などの環境を変える。

図2　書類上の性別を変える／生活上の性別を変える

身体の性的特徴を変える

【AMAB のトランス女性やノンバイナリー】
- ホルモン投与（エストロゲン・プロゲステロン）
- 睾丸や陰嚢、陰茎の切除、尿路変更
- 造膣、陰核の形成
- 脱毛、豊胸、顔面女性化手術
- ボイストレーニング

【AFAB のトランス男性やノンバイナリー】
- ホルモン投与（テストステロン）
- 乳房切除、乳腺摘出、乳頭縮小
- 子宮や卵巣の摘出、膣閉鎖
- 陰茎、陰嚢の形成、尿路変更
- 筋肉トレーニング

図3　身体の性的特徴を変える

ていこうとしている性別」の服屋で買い物ができたら、その分の石が1つひっくり返せたってこと。初対面の人に「自分がこれから生きていこうとしている性別」で認知されたら、その分の石が1つひっくり返せたってこと。それぞれの場所によって、他者からどんな性別として見なさ

れ、扱われ、自分自身がどの性別として存在することになるか。それを1つずつ変えていく作業が、**生活上の性別移行**だ。

　トランスの当事者たちは、これを**パスする**と表現することがある。ある限定的な場面で、自分が生きていくべき望みの性別（ジェンダーアイデンティティ）で扱われたとき、「パスした」という。パスできる領域が増えていけば、トランスにとっての精神的な負担は減っていくことになる。

　ただし、オセロのマス目がどこも均等な「重み」をもっているとはかぎらない。四隅を自分が望む色で確保できたらラッキー！なこともある。角を押さえれば一気にほかのマスもそろえやすくなるし、ちょっとやそっとでは反対側にひっくり返されなくなる。例えば、大半のトランスジェンダーの人にとって、公的書類の性別（とくに戸籍上の性別）を変更できたら、ずいぶん強い。公的書類の性別が変わると、それに合わせてそのほかの細かい性別欄も一気に変えられるからだ。戸籍が変わってパスポートの性別も変えられれば、海外旅行でトランスだとバレて迫害される心配も減るし、何かトラブルが起きたとしても、いざというときには「戸籍はこの性別ですけど？」「誤った性別で扱わないでください」と言うことができる（そんなことはそうそう起きないけれど、いざというときの備えにはなる）。

　別の例でいうと、トランス女性にとっての声はオセロの「角」のような重みをもつことがある。トランス女性のなかには、見た目が女性的になっても、声の特徴で「あの人、もともと男性だったのかな」なんて疑われることを恐れている人が多い。でも、女性のものだと見なされる声を得られたら、オセロの四隅を確保できたくらい強い材料になりうる。こうやって書くと、「女の人はこういう声であるべきだ」という規範をトランスの人たちがなぞっているように聞こえるかもしれないけれど、トランスの人たちが安全に生きていくためにどんな工夫を強いられているのか、まずはそこに想像力を向けてもらいたい。

　生活上の性別を変えていくときには、そんなふうに世の中のジェンダ

ー規範や異性愛規範をなぞることがプラスにはたらくことがある。「パスしやすさ」が上がるってこと。例えば、異性愛が当たり前だと思われている異性愛至上主義なこの社会では、トランス女性に男性のパートナー（彼氏や夫）がいると「あの人はちゃんと女なんだな」と"認められ"やすいし、トランス男性に女性のパートナー（彼女や妻）がいると「あの人はちゃんと男なんだな」と"認められ"やすい。気分が悪くなるような話だけれど、これは事実だ。

とはいえ、そうしたジェンダー規範・異性愛規範は、トランスの人たちが自由に生きていくためにはなるだけ弱くなっていったほうがいいに決まっている。そうした規範に照らして「ちゃんとした男性／女性ではない」というジャッジを、トランスの人たちは被ることが多いのだから。この点については、このあとQ20でも詳しく扱うよ。

Q6 ▶ 身体の特徴を医学的に変えるって、何をするの？

トランスの人たちによく向けられる質問に「身体をどこまでいじっているの？」というものがある。親しくもない間柄でこのようなプライベートな質問をするのは、とても失礼だ。とはいえ、トランスの話題になったときに人々の関心が身体の治療に向かうのは、当たり前になってしまっている。それだけ、身体的な性別移行は世の中の人にとって珍しい経験なんだろう。

トランスの人たちが身体の性的特徴を変えようとするときに真っ先に候補に挙がるのは、ホルモン投与と手術だろう。出生時に割り当てられた性別が男性だった、トランス女性やノンバイナリーの人たちは、ホルモン投与（エストロゲンがメインで、たまにプログステロンを投与する人もいる）や睾丸摘出、陰茎切除、造膣をおこなうことがある。また、トランス特有の医療ではないけれど、脱毛や豊胸や声の手術や顔の手術をする

人もいる。出生時に割り当てられた性別が女性だった、トランス男性やノンバイナリーの人たちは、ホルモン投与（テストステロン）、乳腺摘出／乳房切除、子宮と卵巣摘出、陰茎形成をおこなうことがある。あとはヒゲの育毛をしたり、医療というわけではないけれど筋肉を鍛えたりすることも、身体の特徴を変える方法として挙げられる。

Q6-1 手術やホルモン治療には大金がかかるの？

　どんな治療を受けるか、どこで受けるかによって金額にはけっこう差がある。

　ホルモン治療は高齢になるまで続けることが多いから、費用は継続的にかかり続ける。例えば1回2,000円かかるホルモン注射を月に2回打つとしたら1年間で4万8,000円かかるし、50年間続けたら240万円にもなる。ただし、（戸籍を変更していない）トランスの人に対するホルモン治療は自由診療扱いだから、1本500円で打ってくれる超良心的な病院もあれば、1回で4,000円請求されるようなケースもあり、金額にはかなりバラつきがある。

　一方で手術は、基本的には一度きりのものだ（それぞれの手術を複数回に分けたり、修正手術をすることもあるけれど、ホルモン治療のように継続的な処置ではない）。国内では、例えば子宮・卵巣摘出が100万円から150万円程度、陰茎切除と造膣が150万円から250万円程度かかる。大きな苦痛に感じられる身体の特徴を死んでも変えたいと願っている人にとっては、これくらいの金額は喜んで払ってやろうと思うかもしれない。けれど、シスの人の多くは負担しなくてすむ費用を支払ってはじめて自分が自分として生きられる身体を手に入れているトランスの人がいることは知っておいてほしい。

　ちなみに、日本で暮らしている人の場合、タイに行って手術を受ける人が多い。現状ではタイのほうが手術の経験が豊富で、費用も安いからだ。為替レートによっては、子宮・卵巣摘出が30万円くらいで受けら

れる時期もあった。外国で手術をする場合は、手続きや通訳の役割を担ってくれる、アテンドと呼ばれるような人たちにサポートしてもらうこともありうる（これにも追加費用がかかる）。

Q6-2 治療は保険適用になる？

こうした治療は、条件を満たせばごく一部が保険適用になる。厚生労働省による2018年度の診療報酬改定で、乳房切除術と、性別適合手術と呼ばれる一連の手術（陰茎の切除や形成、子宮や卵巣の摘出など）に健康保険が適用されることになり、3割負担で手術が受けられるようになったんだ。

でも、残念ながら保険適用のニュースは手放しで喜べるものではなかった。第一に、そうして保険適用で手術が受けられる「認定施設」の数があまりにも少なく、大多数のトランスの人にとってはアクセスがかなり難しい。

第二に、ホルモン治療が健康保険の対象外（＝自由診療）なので、すでにホルモン治療を受けている人（場合によってはこれから受ける人）が手術を受けようとしても「混合診療」扱いにされてしまい、手術の部分も丸ごと保険の対象外になってしまう。これはひどい話だ。実際のところトランスの人たちには、手術をする前にホルモン投与をしている人が多い。むしろホルモン治療を飛ばして性別適合手術に挑む人のほうがまれだ。とくに、下半身の性別適合手術は生殖腺を取り除くことでもあるから、いきなり性別適合手術を受けるのではなく、それ以前にホルモン剤を投与している場合が大多数で、このことは日本精神神経学会による「性同一性障害に関する診断と治療のガイドライン（第4版改）」でも基本的なパターンとして想定されているほどだ。それなのに、ホルモン治療をしている人は性別適合手術が健康保険適用になりません、という運用になっている。これでは大多数の人は相変わらず100万円から200万円超の性別適合手術代を全額自費で払わなければならない。せっかく手

術が保険適用になったと思ったら、現実とまったく噛み合わない内実に
なってしまったというわけだ。

　乳房切除術（胸オペと呼ばれることもある）だけは、ホルモン投与をし
ていなくても単体で受けられるケースがあるため、2018年の改定で主
に恩恵を受けているのは、そうした手術を受ける人たちだ。とはいえ、
認定施設での長い予約待ちに耐える必要はあるのだけど。

Q6-3 治療するにはお金がかかるんだね？

　そうだね。おまけに、家庭内暴力を受けたり就職・就労差別を被った
りしやすいトランスの人たちにとって、お金を確保することはシスジェ
ンダーの人以上に大変だ。医療費が高額であるということ以上に、その
ことも知っておいてほしいな。

　それに、これはお金だけの問題でもないんだよ。ちょっと図4をみて
ほしい。

　治療をするにはお金がかかるけど、お金をためるためには働く必要が
ある。でも、安全に働くためには、ある程度「その性別らしく」見えた
ほうが楽だ。そうなると選択肢は、自分のアイデンティティに反した、
つまり出生時に割り当てられたままの性別で働くか、性別移行後の性別
で働くかの二択になる。とはいえ、前者はとても苦しい経験になること
が多い。自分がそうである性別ではない姿で働くのは、たえず自分を否
定されつづけることでもあるし、性別違和が強い状態で生きていくとメ
ンタルヘルスにも悪影響があって、それも働くことを難しくする要因に
なる。じゃあ、移行先の性別で働けばいいかというと、そう簡単にはい
かない。トランス男性が「きちんと男性として」、トランス女性が「き
ちんと女性として」扱われようとするなら、そちらの性別に期待される
服装を買いそろえたり、身だしなみを整えたりする必要がある。それに
加えて、声の変化や乳房の切除（トランス男性の場合）、またホルモン治
療による外見の変化を経てはじめて、そうした性別として自然に生きら

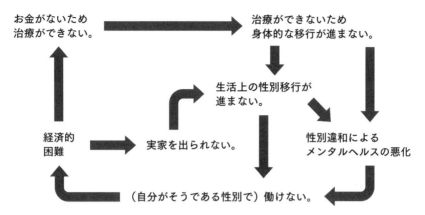

図4 貧困のループ

れるようになるという当事者も多い（外性器の手術は生活上の性別にほとんど影響を与えないけど、ホルモン治療は影響が大きいんだね）。もちろん、それらには当然お金がかかる。

　こうして、トランスの人は負のスパイラルに陥ってしまうことがある。お金がないと治療ができず、治療ができないと自分の性別で働けないのに、そうして安全に働くためにはお金が必要になるんだ。なんてことだろう！

　そりゃあトランスの人たちだって、早くお金をためてこんな負のスパイラルを終わらせたいという思いは強い。治療をするという目標が達せられるまで貯金に集中しなければならず、それに人生計画を左右される人も少なくない。生活にも制限がかかる。自由に遊びにいけない、交友・交遊も最小限にしないといけない、食料品を買うときも安いものを最低限しか買えない、という状況が長いあいだ続く。こんなふうに生活が圧迫されるほど大金がかからなかったとしたら、もっと積極的に治療を望んでいたというトランスの人もいるだろう。

　あらためて、質問に戻ろう。治療には、確かに高額な費用がかかる。でも、トランスの人は生きて、日々生活している。だから継続的なホル

モン治療や手術の費用、そしてそれに付随する費用（交通費や宿泊費や休職中の生活費など）を、それだけ独立させて考えてはいけない。治療にお金がかかるというのは、人生の問題なんだ。

Q7 ▶ 書類上の性別（戸籍）を変えられるの?

　うん、いまの日本では「性同一性障害者の性別の取扱いの特例に関する法律」（特例法）にのっとって、戸籍上の性別を変えることができる。戸籍に登録された情報はそのまま住民票やパスポートに反映されるから、そうして戸籍の性別を変えると、それらの書類の性別表記も変わる。さらに、運転免許証などは住民票をベースにしているから、免許証に紐づいた性別を書き換えることもできる。マイナンバーカードも同じだ。こんなふうに、法的に登録された性別を書き換えられるようにする法律を、一般に性別承認法と呼ぶ。世界の多くの国には、トランスジェンダーの人たちのための、こうした法律が存在する。

　でも日本の特例法は、世界の性別承認法と比べて、異様に厳しい要件を課している。ざっくりいってしまえば、トランスジェンダーの人たちを人間扱いしない、とても過酷な要件が定められている。遅ればせながら、2023年にはそうした要件の一つに違憲判決が出た。結果として、国会はこの法律を改正することになったのだけど、24年3月の本書執筆時点では、法改正の行く末はわからない。だからここでは、20年間存在しつづけた特例法の話をすることにする。

Q7-1 特例法にはどんな要件があるの?

　特例法はまず、戸籍の変更にあたって2人以上の医師による「性同一性障害である」という診断を求めている。それに加えて、以下の5つの条件がある。

1、18歳以上であること

２、いま結婚していないこと

３、未成年（18歳未満）の子どもがいないこと

４、生殖能力を絶対に持たない状態の身体であること

５、外性器の外見（見た目）が、書き換える先の性別の外性器と似ていること

　順に説明していこう。

Q7-2 子どもは性別の表記を書き換えられないってこと？

　そう。民法の成人年齢が18歳だからだ。この法律が、民法の成人年齢をここで基準に設けている正確な理由はわからない。おそらくは子どもには判断能力がないから、子どもの性別表記は書き換えられない、ということの一つの基準にしているんだろう。

　ただ、子どものことをよく知っていて、その子の利益をきちんと考えることができる親や保護者の同意や代諾（子の代わりに承諾すること）があれば、ケガをした子どもの治療のための手術に親が同意する場合と同じように、性別表記の変更もできたほうがいいだろう。トランスの子どものなかには、幼稚園・小学校の時代から、戸籍に登録された性別とは違う性別で生きている子がすでにいる。でも現状では、そうした子どもや若者たちは女子校や男子校を受験したり、就職面接を受けたりするときに大きなトラブルに巻き込まれがちだ。法律上の登録一つ書き換えることで、そうした人たちの人生の困難が減るなら、それはできたほうがいいんじゃないだろうか。

Q7-3 どうして結婚していると性別を書き換えられないの？

　いまの日本では、戸籍上の異性同士しか結婚できないから、結婚しているうちの片方だけが戸籍の性別を書き換えてしまうと、法的な「同性婚」の状態が出現してしまう。だからだめ、というのが基本的な理由だ。

例えば戸籍上「女」の人が、男性と婚姻したあとに「男」へと戸籍を変更したら、「男」同士で婚姻している状態が生まれる。それは許容できないってわけ。

　すぐにわかると思うけど、これはそもそも同性婚ができないせいで起きている問題だ。異性愛者が世界の中心で、同性同士のパートナー関係は異性同士の関係に劣るという、差別的なメッセージを国は発信しつづけている。一刻も早くこの状態はなくなる必要があるね。同性婚の法制化を求める人たちのスローガン「結婚の自由をすべての人に」という言葉が現実になれば、トランスの人たちの悩みも一つ減るんだ。

　本当は、一度は国によって関係を承認されたカップルに「戸籍を変えたければ離婚しろ」と迫るなんてあってはならない。それに、すでに結婚している人が戸籍の性別を変えたところで、**同性カップルが新しく婚姻届を出す**という事態は出現しないわけだから、そうした性別変更を（結婚について規定している）民法が禁止しているわけではない、という考えもある。まあ、いずれにせよ不平等な婚姻制度の悪影響をトランスの性別承認にまで及ぼすなって話だね。同性婚が早く法制化されるべきだ。

Q7-4 どうして未成年の子がいると親にあたる人の性別を書き換えられないの？

　国は、子どものためだといっている。親が性別を変えるなんて、子どもにとっては有害なことだと、考えているのだろう。2003年の成立当初は「子がいないこと」という、もっと厳しい要件だった。つまり、すでに子どもがいるトランスの人は、戸籍におかしな性別が記載されたまま一生を過ごさなければならなかった。トランスコミュニティの内部でも、法案提出以前には誰も予想さえしていなかった「子なし要件」が法律に組み込まれていたことは大きな分断を生んだ。その後、08年に「現に未成年の子がいないこと」へと変更され、子どもが成人すれば親が戸籍の性別を変えてもいいことになった。

子なし要件には、いろんな勘違いと、ひどい差別的な発想がある。そもそも、特例法に沿って書類の性別を書き換えようとしている時点のトランスの人は、とっくに生活上の性別を変えている。生活上の性別が変わっていないのに、戸籍だけを変えてもなんのメリットもないからね。だから、特例法の条件として「親が性別を変えたら子どもが不幸になる」なんて言っても無意味だ。親が戸籍の性別を変えたからといって、何かがガラっと変わるわけではない。

　むしろ、本当に子どもの幸福を大切にしたいなら、こんな要件こそなくなるべきだ。なぜなら、この要件があるせいで親が書類の性別を書き換えられなくなっていて、それが就職や就労、住居探しなどでのトラブルにつながっているのだとしたら、そうした親の困りごとは、その親と暮らす／その親とつながる子どもにも絶対にマイナスの影響を与えるからだ。むしろ、自分の存在が親の戸籍訂正の妨げになっていて、自分のせいで親が困っているのだと考える子がいてもおかしくない。子どもにそんな自責の念を抱かせて、何が「子どもの幸せ」なのだろう。

　そして、このことも覚えておいてほしい。「未成年の子がいてはならない」というこの要件と、2番目の「結婚していてはならない」という要件には、ある考えが通底している。それは「あるべき家族」についての、とてもつまらない考えだ。未成年の子どもは、お父さんとお母さんがいる家庭で育てられるべきで、それが「あるべき家族」なんだという、とっても保守的な家族観がここにはある。ちなみに、父母の名字（姓）が違っていると家族の絆が壊れてしまうという理由で、夫婦別姓も許されていないけれど、これも似たようなものだね。現実の家族のあり方とか、その家族の一員である一人ひとりの生活なんて興味がなくて、「あるべき家族」という抽象的なものにしがみついてるんだ（……意味がわからないけれど、日本の国会議員には、こういう考えの人がかなりいる）。

　こうした「あるべき家族」についてのイメージが先行しているから、男性と女性のカップルではない、同性同士の「ふうふ＝家族」の存在を

国は認めようとしない。そしてトランスジェンダーは「あるべき家族」のパーツであることを強制されつづけて、書類上の性別変更を阻止される。戸籍上の「異性」と結婚して、子どもがいるのなら「ちゃんとした父親」や「ちゃんとした母親」を演じ続けるべきで、そうした「あるべき家族」を壊してしまうような性別移行なんて、とうてい認められないというわけだ。

　ちなみに、「未成年の子がいてはならない」というこの要件は、世界中の性別承認法を探しても、日本にしか存在しない。どうしてこんな要件が入ることになったのか、特例法の制定に関わっていた当事者団体の人たちも困惑したという。それくらい意味がわからない内容だし、日本では「あるべき家族」像の押し付けがひどいんだ。

Q7-5 どうして生殖能力があると性別を書き換えられないの？

　2023年10月の最高裁判決で、この要件（「不妊化要件」とか「生殖不能要件」と呼ばれる）には**違憲判決が出た**。だからこの要件は現在では無効になっていて、ほかの要件をクリアしているトランスの人は、家庭裁判所に申し立てをすれば戸籍を変更することができる。とはいえ、もともとの内容を確認することには意味があるだろう。

　この要件は、女性へと戸籍を書き換える場合には精巣を、男性へと戸籍を書き換える場合には卵巣を、それぞれ手術などによって失っていることを求めていた。ただ、閉経後など、すでに生殖能力をもたないとされる（限定的な）ケースでは、手術を受けなくていい場合があった。いずれにせよ、この要件はトランスの人たちに「不妊化」を強いるものだ。

　もちろんトランスの人のなかには、自分の意思と希望で、外性器や内性器に関わる手術を受けている人もいる。そうした人たちは、手術後であれば自動的にこの不妊化要件をクリアできる。しかし繰り返し書いてきたことだけど、すべてのトランスの人がそうした手術を希望するわけではないし、希望したとしてもすべての人がその手術を受けられるわけ

ではない。だからそういう人たちにとって、この不妊化要件は「不妊手術を受けろ」という強制にしかなっていなかった。手術を望む人たちにとっても、早く書類上の不整備を正して仕事に就くことができれば、手術代をためやすくなるはずなのにね。

　書類上の性別が自分の性別とずれているというのは、大きなトラブルの原因になる。そのトラブルをなくして、トランスの人たちがシスジェンダーの人たちと同じような生活のスタートラインにつくために、性別承認法は存在する。それなのに、そうした権利保障と引き換えに不妊状態であることを命令するなんて、間違っている。要件が憲法違反だと判断されたのも当然。

　忘れないでほしいのは、この不妊化要件にも、先に述べた「あるべき家族」の押し付けが関わっていることだ。生殖をすること、つまり妊娠したり妊娠させたりすることは、新しい命の誕生と家族の形成に関わっている。そして特例法の不妊化要件は、トランスの人が新しく家族を形成することを妨害するものだ。性別変更のあとの性別として、トランスの人が生殖をすること、つまり法的な女性が精子を作って妊娠の原因になったり、法的な男性が妊娠したり出産したりして新しい家族を作ることを、国はずっと妨害してきたんだ。

Q7-6 不妊化を強制するなんて、どうしてそんなひどいことを?

　そうだね。この不妊化要件は、本当にひどい。WHOなどの国際機関は、こうした要件をすぐに撤廃するよう2014年に声明を出した。ヨーロッパ人権裁判所も、性別承認法にこうした不妊化要件を入れるのは人権侵害であると、17年に断言している。トランスジェンダーの健康についてのエキスパート集団であるWPATH（世界トランスジェンダー健康専門協会）も、性別承認法に不妊化要件を入れることには合理性がないと指摘しているし、日本のGID（性同一性障害）学会理事会も、先のWHOの声明に対する賛同声明というかたちで、不妊化要件の撤廃を支持して

きた。不妊化要件は、性と生殖についての権利を真正面から否定しているし、それ以外にも、受けたくない医療的な措置を受けない権利や、（それを包含する）身体的統合性を生きる権利、家族を形成する権利など、大事な人権をことごとく侵害している。23年10月25日に出た日本の最高裁の判決でも、不妊化要件は憲法第13条（個人の尊重、幸福追求権）に違反していると結論づけられた。[(1)]

　ただし、望まない人に不妊化を強いるという人権侵害は、トランスジェンダーだけの問題ではない。そのことは覚えておいてほしい。日本にはかつて**優生保護法**（1948-96年）という法律があって、障害者は「不良な＝質の低い」人たちだから、そういう人たちが生まれないようにしようという目的を定めていた。結果として、障害がある（とされた）人の身体にメスを入れて、意に反して不妊化するという信じられないことが何万件もおこなわれた。ハンセン病療養所内でも、結婚するには不妊化措置を受けなければならなかった。被害者たちは、国の賠償を求めて裁判を続けている。

　社会のなかで力を奪われがちなマイノリティが国や行政によって不妊化を強いられる事例は、日本以外にもたくさんある。ナチ・ドイツは強制収容所のユダヤ人たちを使って不妊化措置の医学実験をおこない、いわゆる断種法のもとで、障害者ら「低価値者」への大規模な不妊化をおこなった。ナチ以前にもすでに、アメリカではいくつもの州で優生思想に基づく不妊化が合法化されていた。実際に多くの被害が出ている。アメリカでは第二次世界大戦後も、社会的弱者への不妊化が進められた。ときには（食料支援や医療支援などの）福祉サービスと引き換えに、貧しい女性や有色の女性を不妊化させるケースが多発した。はっきりさせておく必要があるけれど、福祉サービスを受けるのは市民の権利だ。そしてその権利は、一切の交換条件なしに守られなければならない。だから、なんらかの福祉や権利の交換条件として不妊化を命じるのは、絶対にやってはいけないことだ。

そうした構図は、日本の特例法ともよく似ている。これまで、建前上は「トランスジェンダーの人は**同意して不妊化措置を受けている**」とされてきた。しかし戸籍の表記を訂正するという、本人にとってのっぴきならないニーズを満たすために、不妊化措置を受けることをその交換条件に設定するのは卑怯だ。そんなのは「選択」じゃない。トランスの人たちは、少数民族や障害者、貧しい人や欧米における有色の人など、社会のマイノリティとして不妊化を受けさせられてきた集団と、似たような歴史を共有しているんだ。

Q7-7 外性器の外見が近似してるって、どういうこと?

　これは、戸籍変更後の性別の外性器らしく見える状態を要求するものだ。特例法の制定当初はトランス男性に陰茎形成を求める内容も想定されていたようだけど、現状ではトランス女性をはじめ、女性へと性別の表記を変える人に対して、陰茎(ペニス)の切除を命じるだけの要件になっている。トランス男性に対しては、ホルモン投与によって大きくなった陰核(クリトリス)を陰茎と見なすことで要件クリアという、なんとも曖昧な仕方で外観要件は運用されてきた。とはいえ「性器の見た目が似ている」という要件自体、法律に組み込むにはあまりにも曖昧だ。この要件も、一つ前の「不妊化要件」に違憲判決が出されたのと同様の理由で、近々ルールが変わる可能性がある。

　元も子もないことをいえば、外観要件の維持は、陰茎がある女性の存在を否定するためにある。実際にはしかし、社会的に女性として生きているトランス女性やノンバイナリーの人のなかには陰茎をもっている人が普通にいて、つまり陰茎がある女性はすでにたくさんいる。にもかかわらず、法律はわざわざ「外観」についてのルールを定めている。結果的にこれも、国が法律によって、手術を望まない人にまで手術を強制するということになっている。

　そもそもこの外観要件は、公衆浴場の混乱を防ぐためという理由で設

けられたものだ。陰茎を備えた人が女性の公衆浴場に入って、周囲の利用者が驚いたり、羞恥心を抱いたりするのを避けるという目的のために、特例法は陰茎の切除術を性別変更の要件に設定してきた。でも、そうした混乱を防ぐためなら、浴場の事業者が身体についてのルールを設けるだけでも達成できるし、厚労省もそうしたルールに後ろ盾を与えている。ほかにも、時間を区切るとか、空間を区切るとか、いろんな手段でこの目的は達成できるはず。にもかかわらず、「お風呂が混乱するから全員陰茎を切れ」なんて、まったく信じがたい要求を特例法は続けてきた。人の身体をなんだと思ってるんだろう。

とはいえ、こうしたいびつな状況は外観要件だけでなく全要件に共通の問題でもある。特例法の諸要件は「あるべき家族の姿を守るため」「社会が混乱しないようにするため」といった、社会防衛や利害調整の観点から設けられてきた。しかし、そんなものは法的な性別表記を考えるとき、本来なら関係ない話だ。そうした調整が必要なことがあるなら、個別に社会的な仕組みを作ればいい。何より、法的な性別変更は「誰かに迷惑をかけないなら、認めてあげます」といった類いの運用であってはならない。特例法は、その全体が見直される必要があるんだ。

Q7-8 特例法は、性別適合手術をした人が戸籍を変えるためにできた法律ではないの？

それはよくある誤解だ。特例法が2003年にできた時点ですでに、当時の日本のトランス的な人たちには激しい意見の対立があった。手術によって外性器の形を変えたり、不妊状態になったりしていなければならないというこの条件を含む法律を、歓迎すべきかどうか、という対立だ。当時の激しい対立・衝突からわかるのは、性別承認法を必要としている人たちのうち、ごく一部の人たちにしか使えない法律が結果としてはできてしまったということだ。

だから、「おのずから」特例法の要件を満たせる人だけが性別表記を

書き換えられればよく、それらの要件を「おのずから」満たせない人は、そもそも性別承認法を必要としない、特例法の対象外の人たちだ、というのは誤解に基づいている。そしてそうした誤解は、誰が「本物のトランスジェンダー」や「本物の性同一性障害者」なのか、という線引きを持ち込んでしまっている点で、実際には非常に有害だ。その有害さは、諸外国の性別承認法と日本の特例法を比較すればすぐにわかるはず。現在、不妊化要件や外観要件（まとめて手術要件と呼ばれることがある）のような要件をもたない国は多い。これらの国のトランスジェンダーの人たちに向けて、「あなたたちは偽のトランスジェンダーだから、法律上の表記を変えるべきではない」などと言っても何の意味もないだろう。

　それに、性別適合手術は社会生活上の性別移行とはあまり関係がない。つまり、社会的にはすでに移行後の性別で生きているけれど、手術を受けていないというだけで、書類上の性別を書き換えられていない人は多い。逆に手術を受けたけれど、まだまだ移行後の性別での生活を安定させられず、戸籍変更をためらっている人もいる。手術を戸籍変更の条件にしても、意味はない。

　確かに手術は、トランスの人たちにとって大事になることがある。でも、手術はしょせん手術でしかない。手術をすればありとあらゆる場面での性別移行が終わるというわけでもない。そのことは忘れないようにしよう。特例法の話は、ここで終わり。

　ちなみに、国が性別適合手術を必要とする人たちを大切に思っているから、手術の要件が特例法に入ったという考えは、つい最近まで手術に保険が利かず、現在もホルモン治療が自由診療であるせいでほぼすべての手術に保険が適用されていないことからも、的外れな認識だといわざるをえない。「トランスの人たちは手術がしたいんでしょ？」という表向きの姿勢をとりながら、国は「トランスの人に子どもを産んでほしくない、産むべきではないから手術をせよ」と一律に命じてきたんだ。

Q8 ▶ ノンバイナリーの人も性別を変えるの?

　性別といわれるものが複数あることを思い出そう。書類上の性別と、生活上の性別、身体の性別（身体の性的特徴）、そしてジェンダーアイデンティティだ。このうち、ジェンダーアイデンティティ以外の3つは、「性別移行」によって変えられる。そして、ノンバイナリーの人のなかには、それらの性別を変える人がいる。

Q8-1 ノンバイナリーの人も生活上の性別を変えるの?

　うん、そういう経験をするノンバイナリーの人もいる。性別移行はオセロのようなものだから、生活上のさまざまな場所で、一つひとつ自分の性別を反転して裏返していくのだった。ノンバイナリーの人のなかには、親しい友人や家族などには、自分のノンバイナリーとしてのアイデンティティをカミングアウトしている人がいる。そうすることで、これまで「女性」や「男性」として見なされ、当たり前のようにそうやって生きさせられてきた空間を、自分が生きやすい場所へと変えることができるからだ。つまり「ノンバイナリーとして」存在できる場所を確保する。これは、立派な性別移行と呼べる。もちろん、学校や会社、スポーツクラブの集まりなど、すべての場所で「ノンバイナリーとして」存在できるかどうかは、また別の問題だ。いまの社会はノンバイナリーの人なんていない前提でできているから、カミングアウトは本人にとっての危険を招いてしまうこともある。

　それだけでなく、ノンバイナリーの人のなかには、トランス男性やトランス女性とよく似たやり方で生活上の性別を移行していく人たちがいる。生まれたときに「女性」を割り当てられた人が、男性として生活する空間を増やしていったり、「男性」を割り当てられた人が、女性としての生活を得ていったりすることがある。だから、ノンバイナリーの人

のなかには、生活上の性別をすっかり「女性」から「男性」へ、また「男性」から「女性」へと変えていく人もいるんだ。

Q8-2 ノンバイナリーは女性でも男性でもないんじゃないの?

ジェンダーアイデンティティが「女性」や「男性」であるわけではないのに、どうして「男性」や「女性」へと生活をシフトさせていくの? って疑問に思う人もいるかもね。でも、そんなことは考えても仕方がないんだ。ノンバイナリーの人には、割り当てられた性別として生きることがどうしても無理になってしまって、結果としてその性別を「やめよう」とする人がいる。そのなかには、いつの間にか反対側の性別としての生活へと着地していく、という人もいる。

ほかにも、与えられた性別は無理だったけれど、男性でも女性でもない生活を模索するのは差別の被害を受ける可能性を飛躍的に上昇させてしまうから、仕方なく反対側の性別へと埋もれていくことを選ぶ、という人もいる。生活の安全を守るために、性別移行をある程度しっかり進めていく、ということだ。

いずれにせよ、どうしてノンバイナリーの人が「男性」や「女性」へと生活上の性別を変えることがあるのか、という問いは、考えても仕方がない。性別は、この社会を生きていくうえで常に付きまとうものだし、残念ながらこの社会はノンバイナリーの存在を初めから想定していない。そんな過酷な社会で、ノンバイナリーの人はそれぞれ、自分が生きていける生活を探し求めている。そして、その難しい探求の答えは、人それぞれだ。

Q8-3 ノンバイナリーの人も身体の性的な特徴を変えるの?

そういう人もいる。もちろん、ホルモン治療や外科手術を受けない人もたくさんいる。繰り返し書いてきたけれど、どんな医学的措置を望むか、望まないか、望めないかは、人それぞれだ。そしてノンバイナリー

の人には、トランス男性やトランス女性と同じような医学的措置を受ける人もいる。

Q8-4 でもホルモン治療をしているほうが「ホンモノ」っぽくない?

いったい何の根拠があってそんなことをいうのだろう。ホルモン治療をしているかどうかは、何かの「本気度」を図るための尺度ではないし、ノンバイナリーやトランスジェンダーであるかどうかの条件でもない。ホルモン治療を望むかどうか、望めるかどうかは、本当に人それぞれだ。自分がノンバイナリーであることと、身体への違和感が強く連動している人もいれば、そうでない人もいっぱいいる。

それに、テストステロン（いわゆる男性ホルモン）やエストロゲン（いわゆる女性ホルモン）などによって引き起こされる身体の変化はふつう不可逆的で、一度変わってしまった身体を元に戻すのは困難だ。そして、それらの投与は肝機能障害、血栓症、胆石、肝腫瘍など健康上のリスクを伴う。持病への影響を考慮しなければならない人もいる。だから、ホルモン治療をしたくてもできないという人は多い。さまざまな背景があるのだから、「ホルモン治療をしているほうがホンモノっぽい」なんて、安易に口にすることは絶対にやめよう。

Q9 ▶トランス男性は男の人、トランス女性は女の人、と理解しておけばいい?

本人の実感（ジェンダーアイデンティティ）に沿っていえば、トランス男性は男性だし、トランス女性は女性だ。それは間違いない。

ただし、トランスの状況はとても多様だということも押さえておきたい。具体的に、トランスジェンダーという集団でみたときと、その人個人でみたときの2パターンに分けて考えてみよう。

◆集団でみたときの多様性

　例えばトランス女性という同じ集団の内部でも、そこには多様な境遇を生きている人たちがいる。例えば、こんな感じ。

トランス女性の多様性（例）

・身体治療をほぼ終えて戸籍も変えた人。実態としてはシス女性と同じ。彼女がトランスであることを知っている人は誰もいない。
・ホルモン治療をして、睾丸と陰嚢を切除し、社会的には女性に埋もれて生きているが戸籍だけ「男性」の人。身分証だけがおかしい状態。
・会社では女性としてカミングアウトして、女性たちの輪に溶け込んでいるけれど、出勤の電車内では「男性？」と見られてしまうことが多い人。
・周囲からはずっと男性扱いされていて、性的マイノリティのコミュニティにいるときだけは、女性として尊重され、認識されている人。
・男性を好きになるのだから自分はゲイ（男性同性愛者）なの？と考え、ゲイコミュニティにいたけれど、だんだん自分は「女性として」男性に引かれているのだと自覚して、最近ホルモン投与を始めたばかりの人。

　すごく多様だってことがわかるだろう。いまの社会生活のあり方も、カミングアウトの状況も、戸籍の表記も、身体のあり方も、過去の経験も、人それぞれだ。だから「トランス女性は女性なんだ」と頭で理解しているだけでは、現実を生きているトランス女性たちの状況は、一向に見えてこないことがある。

◆個人でみたときの多様性

　集団としてみたときだけでなく、同一人物の内部でも、その人の人生にはシスジェンダー以上に多様な経験がありうる。いってしまえば、たった一人の人間が、一生のなかで「シスジェンダーの女性」さながらの人生を送ることも、「シスジェンダーの男性」さながらの人生を送るこ

とも、「トランスジェンダー」特有の経験をすることもありうるってこと。

　少し気をつけてほしいのは、いまの社会がとにかくシスジェンダー前提でできているということ。だから、生きていくなかで性別を変えたり、性別についての境遇が変わったりする人たちの経験は十分に語られてこなかったし、そんな人はいないものとして扱われてきた。でも、トランスジェンダーは存在する。そしてシスの人たちとは違ったかたちで、「男性」や「女性」、「トランスジェンダー」という性別のあり方を経験している。

　例えば一人のトランス男性のケースを考えてみよう。彼の長い人生のなかには、「シスジェンダーの女性」さながらに生きてきた時代があったかもしれない。それから、「トランスジェンダー」として周囲にカミングアウトしたことで、「男でも女でもない」存在として、厳しい視線や過酷な差別を経験する時代があったかもしれない。そして、すっかり男性へと性別を移行して、「シスジェンダーの男性」さながらに生きている時代もあるかもしれない。こんなふうに、一人の人生のなかでも、性別に関する状況は多様に変化しうる。

　「この人はトランス男性だから男性なんだ」と型にはめてしまうだけでは、こうした彼の人生を言い表すことはできない。それではまるで、彼が生まれてからずっと「シスジェンダーの男性」さながらの生き方をしているみたいだ。そんなことをしたら、彼の人生を占めている「シス男性的ではなかった時代」がまるっきり無視されてしまう。

　そのトランス男性のジェンダーアイデンティティがどうだろうと、例えば女性と見なされているときには女性差別を受けることがあるし、女子校や女性寮のような「女性しかいない」と想定されている空間で生活することだってある。現在は「おじさん」にしか見えない人物が、かつては女性差別を受けていたなんて信じられないかもしれないけれど、トランスの生きざまはそれくらい多様なんだよ。

◆トランス男性は男性です？

　ここで、少し耳の痛い話をしておこう。詳しくは第3部「性別分けスペース」で扱うけれど、最近「トランス男性って結局は女性でしょう？」などのミスジェンダリング（相手の性別を間違えること）や、それに基づくトランスヘイト的な言説は増えている。こうした差別言説・ヘイト言説へのカウンターとして、「いや、**トランス男性はこんなにも男らしいんですよ！**」といったトランス擁護がおこなわれることもある。そういうとき、筋肉隆々で無精ひげを生やしたトランス男性の写真なんかをSNSに貼っている人もいるね。

　でも、ずいぶん一面的なトランスの"擁護"ではある。そもそも、集団としてみたときのトランス男性には、いま女性的な生活を送っている人もたくさん含まれる。だから十分に男性的な人の写真なんかを持ち出して「トランス男性は（みんな）男性です」というのは、やっぱり変だ。加えて、個人レベルでもトランス男性はさまざまな経験を経ている。その「きちんと男らしいトランス男性」だって、ほんの数年前には、男性として周囲から認識されず、社会的な性別移行に悩んでいたかもしれない。つまりトランス男性は男性だけど、シス男性が一貫して男性として人生を歩いていたのとはわけが違うということ。そういう経験をしてきたタイプの「男性」であることも、理解してほしいな。もちろん、いまの話はトランス女性にもそのまま当てはまる。

Q10▶自分の望みどおりに性別を「変えた」トランスジェンダーの人たちは、もう困りごとはないの？

　自分の身体的特徴を望ましいものに変えたり、周囲から性別を否定される機会がなくなったりすれば、そのトランスの人の困難は大きく解消する。でも、**トランスジェンダーであることの困難と完全に無縁になる**

人は、おそらくいないんじゃないかな。だって、どれだけ移行後の性別で埋もれていても、トランスであるとバレてしまったら差別を受ける恐れがあるもの。だから生活上の性別を変えて、戸籍も変えたとしても、シスジェンダーのふりをしつづけることが求められてしまう機会は多い。それは、けっこう精神を削られることだ。例えば「どこ出身?」とか「中学時代は何の部活をやっていた?」なんて気軽な会話にさえ、気をつけなきゃならない。過去に「女子ソフトボール部」に所属していたトランス男性が、正直にそう答えるわけにはいかないから、「(男子)野球部だった」とさりげなく嘘をついたりしてね。昔の知り合いに「こいつ、実は女だったんだよ」なんてバラされるわけにもいかないから、交友関係にも気を使う。そういうのが怖くて、地元の知り合い全員と縁を切る人もいる。

　それに、制度的な差別はどこまでも付きまとう。性別不合の診断歴や、性別適合手術の治療歴があるせいで生命保険に入れないとか、保険に入れないから住宅ローンを組めないとか。そんなことばっかりだ。災害が起きて避難所に逃げたときには、身体の形が違うことが理由でお風呂に入れないかもしれない。刑務所ではホルモン治療が認められないから、急にやめなければならなくなってひどく健康を害する。トランスジェンダーに対する差別は社会の隅々にまで染み渡っていて、逃がしてくれない。

　身体についての悩みも、完全にはなくならない。もちろん、自分で納得がいくところまで身体的な治療を終えたからハッピー、という人もいるよ。大嫌いだった乳房をとった。陰茎を切除した。そうして**やっと自分の身体だと思えるようになった**という人は大勢いる。ただ、手術のあとに新たな困難が生まれる場合もある。術後の状態がよくなくて再手術が必要になるケースや、手術には納得がいったけど「子どもを産めない」という事実にこれまで以上に悩まされるケース、など。

　「性別を変えることができた」つもりの当事者でも、トランスである過

去を完全にこの世から消し去ることはできない。自分がその身体で生まれるはずだったと信じる身体の機能を、完全に得ることもできない。SNSでのトランス差別を見かけて、忘れかけていた過去のつらい経験がフラッシュバックしてしまうという人もいる。男性や女性として安泰な生活を送れるようになってからも、新しく家族を作るとなると「パートナーの親には言ったほうがいいだろうか」とか「孫ができないことを告げたら交際に反対されるだろうか」とか、「自分の子どもにはトランスだとカミングアウトしたほうがいいのだろうか」などの悩みは尽きない。これらはシスジェンダーとは異なる経験であり、トランスジェンダーの困難として残り続ける。

Q11▶どんなことが理由で差別を受ける？

　トランスジェンダーが差別を受ける理由として、しばしば**ジェンダーアイデンティティ（性自認）に基づく差別を受ける**という説明がなされている。でも、これには誤解がある。確かにノンバイナリーに対する差別は、ジェンダーアイデンティティが女性でも男性でもない、ということに由来することがある。でも、例えばトランス男性について「ジェンダーアイデンティティが男性で、ジェンダーアイデンティティがマイノリティだから差別されている」とはいえない。ジェンダーアイデンティティが男性である人はシス男性を含めてたくさんいるし、「ジェンダーアイデンティティが男性である」ことそのものが差別の理由になっているわけではない。

　そうではなく、**出生時に割り当てられた性別と、ジェンダーアイデンティティやその後の性別のあり方に食い違いが生じている**という状況こそが、トランスジェンダーのマイノリティ性につながっている。そして、それが差別を被る理由になっている。

　さらにいうと、その食い違いそのものが差別の根拠になっているとも

見た目がおかしい
典型的な男性や女性に見えない、だから信頼できない、怪しい、近づきたくない、などと判断される。
➤ ルッキズムやジェンダー規範

身体がおかしい
身体の特徴がシスの男女と違っていること、もしくは違うと想定されることが、性暴力や精神的虐待、暴行の原因になることがある。特定の空間からの排除の根拠にもされる。
➤ あるべき身体をめぐる健常主義

書類の記載がおかしい
身分証の性別欄や名前が生活実態とずれていると、投票所や市役所で偽証を疑われたり、就活の面接で延々と性別について質問責めにあったりする。
➤ 書類表記が理由で被る差別

過去がおかしい
性別移行のヒストリーを知られた途端に、拒否・拒絶される。
➤ 想定外としてのトランスジェンダー
➤ 抹消できない過去に基づく差別

図5　トランスジェンダーの差別の根拠

かぎらない。具体的には、見た目がおかしい、身体がおかしい、書類の記載がおかしい、過去がおかしい、などのさまざまな理由で、トランスの人たちは差別を受けている。どういうことか？　図5を見てほしい。

　これらはそれぞれ、トランスに限った困難ではない。外見で差別される人はトランス以外にもいる。「あなたは美しくないから表舞台に立たせられない」と雇用を断られるとか。あるいは、書類の表記だけ見て「あなたの名前は外国人っぽいので、認められません」なんて差別もありうる。どんな背景があるにせよ、犯罪歴があるという来歴が、その後の人生を過剰に妨げることもある。トランスの人々が受ける差別は、その人がシンプルに「トランスジェンダーだから」という事実が引き金になるケースもあるけれど、ほかの人々が受ける差別的境遇と重なり合っていることも多々あるんだ。

Q12▶差別の現状を示すデータについて、 もう少し知りたいな

　トランスジェンダーの人たちを苦しめる社会のあり方は、さまざまな統計データにも表れている。ここでは、そうした差別の現状を示すデータをいくつか取り上げる。ただし、調査には否応なく偏りが生まれるから、そのことには注意してほしい。無作為抽出のアンケートに回答する人は、どちらかといえば生活やメンタルに余裕がある人かもしれないし、インターネットで拡散されるアンケートにはサンプルに偏りがあって、もともと話題に興味をもっている人しか回答しないかもしれない。ましてや、トランスの人たちは数が少ないからデータを収集するのは困難だ。だから、これから紹介するデータは、トランスジェンダーという集団がシスジェンダーという集団と比べてどんな傾向をもっているかを理解するために使ってほしい。そして、そうした傾向をつかむために、ここでは国内のデータだけでなく、海外のデータもいくつか紹介する。日本に不足している調査を補うという意味でも、そしてトランスジェンダーへの差別が日本だけのものではないことを知るという意味でも、海外のデータを参照するのは有益だ。

◆貧困と就労

　まずは**貧困と就労**について。日本の認定NPO法人虹色ダイバーシティと国際基督教大学ジェンダー研究センターが共同で実施した2020年の調査によれば、トランスジェンダーの回答者の17.3％が「仕事をしていない」状態だった。その割合はシスジェンダーの異性愛者（5.7％）の3倍にあたる。他方で「在職しているが、病気、出産、育児などで休職中」の人は3.8％いて、シスジェンダーの異性愛者（1.8％）よりもかなり高い。[(2)]

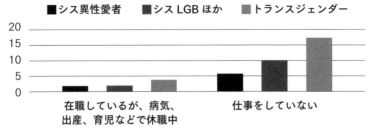

図6　就業の状況
(出典：虹色ダイバーシティ／国際基督教大学ジェンダー研究センター『niji VOICE 2020——
LGBT も働きやすい職場づくり、生きやすい社会づくりのための「声」集め』虹色ダイバーシテ
ィ／国際基督教大学ジェンダー研究センター、2020年、22ページ〔https://nijibridge.jp/wp-
content/uploads/2020/12/nijiVOICE2020.pdf〕〔2024年4月6日アクセス〕から著者作成)

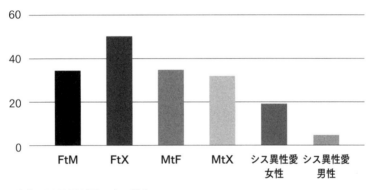

図7　年収 200 万円以下の人の割合
(出典：前掲『niji VOICE 2020』23ページから著者作成)

　こうした就労の状況は、当然収入にも直結する。同じ調査から、年収
200万円以下に該当する人の割合を抜き出すと、FtM（トランス男性）
34.3％、FtX（出生時に女性を割り当てられたノンバイナリー・Xジェンダ
ー）50.4％、MtF（トランス女性）34.8％、MtX（出生時に男性を割り当て
られたノンバイナリー・Xジェンダー）32.0％だった。これは、シスジェン
ダーの異性愛女性19.1％、シス異性愛男性4.7％と比較すると、かなり
高い割合といえる。

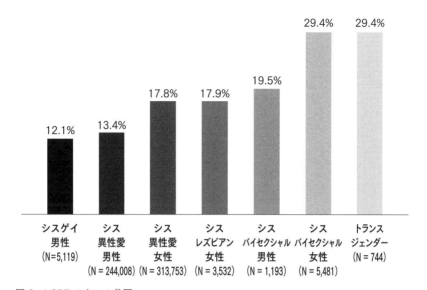

図0　LGBTの人々の貧困
（出典：M. V. Lee Badgett, Soon Kyu Choi, and Bianca D. M. Wilson, *LGBT Poverty in the United States: A study of differences between sexual orientation and gender identity groups*, Williams Institute, 2019, p. 3.〔https://williamsinstitute.law.ucla.edu/wp-content/uploads/National-LGBT-Poverty-Oct-2019.pdf〕［2024年4月6日アクセス］）

　この調査では、新型コロナウイルスの感染拡大の影響を調べるという目的もあり、直近1年間で預金残高が1万円を切った経験についても尋ねた。結果、トランスジェンダー全体の30％以上にその経験があった。なお、トランス女性に限れば44.6％にのぼる。この数字は、シスジェンダーの異性愛女性で10.8％、同じくシス異性愛男性で14.9％だから、トランスの人たちが貧困に悩まされやすいという顕著な傾向が確認できる。

　こうした傾向は、海外でも同様だ。まず、全米で2.7万人のトランスジェンダーが参加した2015年のオンライン調査では、トランスジェンダーの失業率（15％）はそうでない人の3倍だった。また、トランスジェンダーの貧困率は29％にのぼり、一般人口の貧困率12％と大きな差

があった。19年に公開された『アメリカにおけるLGBTの貧困』という研究報告書も同様の傾向を示している。それによれば、トランスジェンダーの貧困率は29.4％にのぼり、シス異性愛男性（13.4％）やシス異性愛女性（17.8％）と比べてもはるかに高い。[4]

他方でヨーロッパに目を向けると、例えば欧州基本権機構（European Union Agency for Fundamental Rights）が2020年に公表した調査報告書では、トランスジェンダーの人の46％が日々の生計をやりくりするのに困難を経験していることが明らかになっている。[5] その数字は、トランス女性では54％だ。

こうした貧困の状況は、**就労からの排除**とも深く関係している。トランスジェンダーであることによって、職場で差別を受けることは非常によくあることだからだ。そして、そうした差別や排除は**就職活動**の時点から始まっている。日本のNPO法人ReBit（リビット）が2019年に実施した調査では、9割近くのトランスジェンダーの回答者が、就活時に性別をめぐる困難を経験していた。[6] 履歴書の性別欄や就活時の服装、働く際の名前、公的な書類とのズレ、そして会社にカミングアウトするかどうかなど、シスジェンダーの人ならば気にしなくてもいいような多くの悩みを、トランスの人たちは気にしつづけていることが多いんだ。

◆住居

就労からの排除や貧困の問題は、**住居の問題**にもつながっていく。ヨーロッパと中央アジアの国々のトランスの人々の連合体TGEUが2021年に公表した調査では、約4人に1人のトランスジェンダーの回答者が、人生のどこかの時点でホームレス状態（あるいは知人宅に身を寄せるなどの住居に関する困難）を経験していた。[7] 家探しの際に差別を受けることも多く、先ほど言及した欧州基本権機構の19年の報告書によると、直近1年に限っても5人に1人が住居探しの際に差別を受けていた。[8] 家を探すのに苦労するというのは、日本でも耳にすることが多い状況だ。

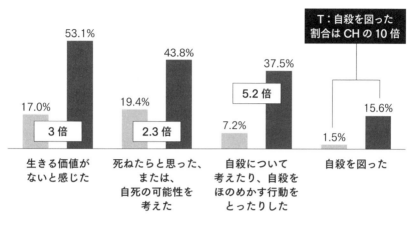

CH シスジェンダー・異性愛者（N = 3,561）　　T トランスジェンダー（N = 32）

T：自殺を図った
割合は CH の 10 倍

53.1%

43.8%

37.5%

5.2 倍

17.0%

19.4%

15.6%

3 倍

2.3 倍

7.2%

1.5%

生きる価値が
ないと感じた

死ねたらと思った、
または、
自死の可能性を
考えた

自殺について
考えたり、自殺を
ほのめかす行動を
とったりした

自殺を図った

・全項目で、CH［シス・異性愛］より、T［トランス］の経験割合のほうが高い
（有意差あり p < 0.05）

図 9　自殺企図・自殺未遂の経験割合
（出典：「心身の健康」、「性的指向と性自認の人口学──日本における研究基盤の構築」／「働き
方と暮らしの多様性と共生」研究チーム〔代表 釜野さおり〕編、釜野さおり／石田仁／岩本健
良／小山泰代／千年よしみ／平森大規／藤井ひろみ／布施香奈／山内昌和／吉仲崇『大阪市民の
働き方と暮らしの多様性と共生にかんするアンケート報告書（単純集計結果）』JSPS 科研費
16H03709、「性的指向と性自認の人口学──日本における研究基盤の構築」／「働き方と暮らし
の多様性と共生」研究チーム、2019年〔https://osaka-chosa.jp/health.html#localnav〕〔2024年4
月6日アクセス〕）

◆精神の健康・自死の傾向

　今度は、**精神の健康（メンタルヘルス）の状況**をみていく。2020年に
公開された日本の調査のデータでは、回答したトランスジェンダーのお
よそ3人に1人がその時点でうつ病だった。これは、シスジェンダーの
異性愛者と比べて3倍だ。[9] また、18歳から59歳の大阪市民を対象にした
無作為抽出の調査からも、トランスの人々の精神の健康について傾向が
読み取れた。調査では、深刻な心理的苦痛を感じている可能性がある人
がトランスジェンダーの人の18.8％にのぼることが明らかになったけ
れど、この数字はシスジェンダーの異性愛者（6.9％）の約3倍にあたる。[10]

メンタルヘルスとも密接に結び付く**自殺企図・自殺未遂**の数字も深刻だ。先に紹介した大阪市の調査では、トランスジェンダーの人々は「自殺について考えたり、自殺をほのめかす行動をとったりした」ことがある人の割合がシスジェンダーの異性愛者の5.2倍、「自殺を図った」ことがある人の割合は10倍だった。

海外のデータにも目を向けてみよう。さっき言及したアメリカの大規模調査（2015年）では、トランスジェンダーの人で自殺未遂経験がある人は40％を超えていた。この数字は、同年の一般人口では4.6％とされるから、大きな開きがある。イギリスには、2016年から17年にかけて12歳から19歳の就学年齢のLGBTの若者3,713人が参加した調査がある。この調査では、トランスの若者のうち77％に自傷の経験が、41％に自殺未遂の経験があることが明らかになった。同じ「LGBT」といえど、「LGB」の児童・生徒では自殺未遂の経験率が21％だから、違いは大きいといえるかもしれない。

◆性暴力被害

今度は、**性暴力被害**について。日本の調査には、日本財団が実施した調査がある。それによると「トランスジェンダー・ノンバイナリー・その他」の回答者による性暴力被害の経験率は36.3％だった。この調査の回答者全体では15.3％だから、単純に比べて2倍以上だ。国内のデータとしてはほかにも、宝塚大学看護学部の日高庸晴氏がLGBTQ＋を対象に2019年におこなった調査（有効回答数10,769人）がある。それによればトランス女性の57％、トランス男性の51.9％に性暴力被害の経験があった。オーストラリアの調査でもトランスジェンダーの回答者の53％に、性暴力被害の経験があった。後者については一般人口との比較もされていて、その割合の高さは実に7倍にもなる。残念ながら、トランスジェンダーは性暴力被害を受けやすい集団といえる。近年、トランスジェンダーのせいでシスジェンダーの女性が性暴力を受けるリスク

が上がる、という差別的な言説が根拠もなく拡散されているけれど、まずはこの深刻な数字を受け止め、社会からあらゆる性暴力を減らすために必要なこととは何か、考えてほしい（こうした差別言説については第3部で扱う）。

◆若者の状況

　最後に、**10代のトランスジェンダーの子ども・若者の状況**にフォーカスを当てておきたい。国内のデータで注目すべきものとして、NPO法人ReBitが2022年に実施したアンケート調査がある。この調査が興味深いのは、LGBTQユースを対象としていながら、2,670人の回答者の約半数（48.2％）がトランスジェンダーだったことだ。つまりこの調査は、日本のトランスの若者が置かれた傾向を知る手がかりになる。調査によれば、10代のLCBTQ当事者（ユース）のうち、直近1年で自殺念慮を抱いたことがあるユースは48.1％、実際に自殺を試みたユースは14.0％だった。これは、10代を対象にした「日本財団自殺意識調査（2021）」の一般人口と比べて、それぞれ3.8倍、4.1倍の数字になる。トランスの若者のメンタルヘルスの状況は、非常に悪いといえそうだ。

　10代の子どもたちのこうした状況は、学校でのさまざまな経験とも無関係ではない。慈善団体Stonewallが実施した2017年のイギリスの調査では、学校でいじめられた経験があるトランスの若者・子どもは64％にのぼった。そのうち半数が、いじめを理由に学校を休んでいる。「学校は楽しくない」と答えたトランスの若者・子どもは52％、「学校は自分の居場所でない」と感じると回答した人も52％いた。(16)

　差別に関するデータは、とりあえずここまで。トランスジェンダーの人が生きていこうとすると、ありとあらゆる面で差別に直面することがある。そのことが国内外の調査から傾向としてわかったと思う。つらいけれど、これが現実なんだ。

Q13 ▶ ノンバイナリーの人たちも差別を受ける?

　うん、残念ながら。まず、ノンバイナリーの人のなかには、「男性」や「女性」へと生活上の性別を移行していくトランスジェンダーと同じように、性別移行する人たちがいる。そうした人たちは、当然バイナリーな（男女二元的な）トランスジェンダーと同様の差別を受ける。それだけでなく、とくにノンバイナリーにとってつらいのは、自分の存在をいつまでも抹消されつづけることだろう。周囲から経験やアイデンティティをずっと否定されつづけることで、とくに若いノンバイナリーのメルタルヘルスの状況は非常に悪い。「気のせいじゃない?」とか、「誰だって性別を押し付けられるのはいやだよ」なんて、的外れな口封じにも遭いやすい。

　ノンバイナリーが抱える感覚は、**世界のすべての人が異性に見える感覚**として語られることがある。もちろん全員が同じ感覚をもっているわけではないけれど、少しは伝わっただろうか。自分に不本意な性別の分類で、延々と世界から扱われつづけ、他者から勝手に「（男女いずれかの）異性として」あるいは「同性として」コミュニケーションをとられるのだから、居場所がどこにもないような気持ちにもなる。

　そして、ちょっといいづらいこともいっておこう。「ノンバイナリーの人たちも差別されるの?」というこの疑問もまた、ノンバイナリーの人たちをいないことにする社会の常識から生まれている。「反対の性別」へと身体や生活を寄せていくトランス男性・トランス女性と違って、ノンバイナリーの人たちはべつに差別を受けることなんてないんじゃない?ということだろう。

　はっきりいって、その認識は誤っている。ここでもデータを紹介しておこう。海外の調査になってしまうけれど、先ほども紹介したイギリスの調査によれば、トランスジェンダー・ノンバイナリーの回答者871人

のうち41％が、直近1年間でジェンダーアイデンティティを理由にした
ヘイトクライム・ヘイト事案に遭遇していた。その数字は、ノンバイナ
リーの人たちに限定しても31％にのぼる。ノンバイナリーの人も、ヘ
イトクライムと隣り合わせで生きているんだ。

　だから、差別やハラスメントを受けることを恐れて、着る服を調整し
ている人も多い。差別やハラスメントを理由に着る服を調整している人
は、トランスジェンダー全体で40％いたけれど、この割合はノンバイ
ナリーに限れば52％にのぼる。ノンバイナリーであるということを意
に反して知られると、ひどい攻撃や差別を受けることがあって、多くの
当事者はその恐怖とともに生きているんだ。トランスジェンダーにあり
がちな家探しの困難も、やはり経験する。新居を探しているときに差別
を受けたことがある人の割合は、トランスジェンダー全体で25％、ノ
ンバイナリー限定でも20％だった。

　こうした直接的な差別を逃れるために、自身のアイデンティティを周
囲に伝えていない人も多い。差別を受けることを恐れて、トランスジェ
ンダー全体の51％が自身がLGBTであることを職場で隠していたけれど、
ノンバイナリーに限定しても、その数字は50％にのぼる。多くのノン
バイナリーの人は、差別を受けないために自分のアイデンティティを隠
して生きている。実際、自分がトランスジェンダーである事実を家族の
誰にも言っていない人は14％だったのに対し、ノンバイナリーでは24
％だった。

　こんなふうに、ノンバイナリーの人たちも現実には差別を受けている。
そして、差別を受けることを恐れて、自分のアイデンティティを隠した
り、着る服を調整したりしている。ノンバイナリーは差別されないので
は？というのは誤解なんだ。

Q14 ▶ 最近、SNSでトランスヘイトがひどいよね?

　この本を読もうとしてくれた人のなかには、SNS経由で「トランスジェンダー」の話題を知ったという人もいるかもしれない。ひょっとしたら、トランスジェンダーそのものというより、トランスへのバッシングとかデマにふれることのほうが先だったかもしれないね。これまで強い関心をもってこなかった人がみてもわかるくらい、ある意味でトランスヘイトは激化している。ちなみにトランスヘイトとは、トランスジェンダーに対する差別や偏見、憎悪、およびそれらを扇動する言説、またそれらに基づくさまざまなかたちでの暴力を指す。なんでトランスヘイトがここまで跋扈する状況ができてしまったのだろうか。

Q14-1 SNSでトランスヘイトが流れ始めたのはいつごろから?

　経緯を確認しよう。2018年7月、お茶の水女子大学が、戸籍が女性ではないトランスジェンダーの学生(想定されているのはトランス女性だ)を20年度から入学可能にすると発表した。ほかの女子大もあとに続いて、学ぶ意欲があるすべての女性が入学できるように準備を整えてきた。これまでは、ジェンダーアイデンティティが女性で、ふだん女性として生活しているような人であっても、戸籍に「男」と記載されていたら、女子大では学ぶことができなかった。だからこうした女子大の決定は、これまでトランスの女性に排他的だった環境を変えるために必要なものだったんだ。そもそも戸籍を「女」に変更ずみのトランス女性ならすでに入学可能だったわけだし、女子大に入学したあと男性的に生きていくようなトランス男性やノンバイナリーの人だっていたはずで、トランスジェンダーの存在は常にすでに女子大に含まれていた。そこから漏れていた人も、ようやく含まれるようになったというニュースだったわけだ。

　しかし、お茶の水女子大の発表以降、それに対する否定的な反応が

SNS上で広がっていった。男性ユーザーによる「心が女性だと言えば、俺も女子大に入れるのか」などの低俗なヘイト言説がSNSで拡散されるようになっただけでなく、女子大の入学資格とはほとんど関係がない、トイレや更衣室の話にまでヘイトは拡大した。女性の権利を考えてきたフェミニストのなかからも、トランスたちを危険で信用ならない、「女性」を脅かす人物として語る人たちが出てきた。そして、トランス女性の存在を認めたら、まるでただの男性が女性用のスペースに入り放題になるかのようなデマが散乱する状況が作られた。「トランス女性を女性と認めるべきか？」とか「トランス女性は男にちがいない」とか「トランス女性の存在は許すけれど、その人たちを認めたら性犯罪目的の男性まで侵入しやすくなってしまう」などの、現実を無視した「議論」があたかもまともな「議論」であるかのように拡散され、とどまることはなかった。こうした言説がなぜ有害で、どのように誤った前提に立っているかという話は第3部でたっぷりすることにして、ここでは引き続き経緯を述べよう。

　いまでは、一部のフェミニストたちが「シスジェンダーの女性を守る」「生物学的に女性である人だけが女性だ」という理屈で「トランス女性は女性ではない」などと主張し、トランスジェンダー（とくにトランス女性）をずっと敵対視している。そうした人たちは「トランス排除的なラディカルフェミニスト（Trans-Exclusionary Radical Feminist）」の頭文字をとって、TERF（ターフ）と呼ばれることがある。ただし、ラディカルフェミニズムとは全然関係ない文脈でトランス排除を主張している人のほうが圧倒的に多いから、TERFという名称は正確ではないんだけどね。まあ、そういうわけで2018年以降はSNSでフェミニズム的なフレーミングを使ってトランス排除がおこなわれ続けている。これまでフェミニストとして尊敬していた人が、いきなり現実離れした想定を持ち出してトランスヘイト言説を振りまくようになって、ドン引きしたという人はけっこういるんじゃないかな？

国外を見渡せば、2015年にアメリカが同性婚を全州で認めたことで、LGBTQ（性的マイノリティ）の権利を認めたくない人たちの攻撃対象が同性愛者からトランスジェンダーに移った。台湾でも同性婚が法制化された19年ごろから、トランスが新たな標的にされるようになった。もともとLGBTQの存在を認めたくない人たちにとっては、同性婚（婚姻の平等）が最大の焦点だった。でも、いよいよ先進国での同性婚法制化の広がりは阻止できなくなったので、これ以上同性愛者を攻撃しても不利だと判断して、数が少なく権力をもたないトランスジェンダーが次の攻撃ターゲットに選ばれた。**トランスの権利なんて認めてしまうと、こんなにも不幸な未来がやってくるぞ**と吹聴して、かつて同性婚を阻止しようとしたのと同様に、トランスの人権を損なおうと必死に活動しはじめたんだ。数も少ないし、社会の理解も追いついていないトランスジェンダーを攻撃すれば、LGBTQという連帯を丸ごと覆せると思ったんだろうね。いまやトランスヘイトは、日本だけではなく世界中で広がっているグローバルな現象だ。

　そうした背景もあって、2021年ごろからは日本の右派もトランスヘイトの波を利用するようになった。なかでも右派が関心を寄せているのは、LGBT理解増進法と性同一性障害特例法の2点だ。LGBT理解増進法（性的指向及びジェンダーアイデンティティの多様性に関する国民の理解の増進に関する法律）は、東京オリンピック・パラリンピックを前にした21年に一度成立しかけたものの、保守系議員の反対によって成立しなかった。21年のオリンピック前後は、「トランス女性が女性種目に出場するのはズルい」というふうに、トランスとスポーツの関係性に不当に注目が集まった時期でもある。この法案が再び浮上したのは、広島でのG7サミットを目前にした23年だった。このときも、トランスの権利を認めてしまったら社会全体が混乱する、とでもいいたげなデマが盛んに拡散された。そうやってLGBTQ当事者の状況とは無関係に生み出された混乱の結果、この法律には**全ての国民が安心して生活できるよう留意する**と

いう一文が入ることになったのだけど、この経緯からわかるように、これはトランスジェンダー（の女性）が社会の多数派の「安心」を損なう存在だ、という差別的な認識を背景としている。

　性同一性障害特例法（性同一性障害者の性別の取扱いの特例に関する法律）も、右派が注視している法律の一つだ。2003年に成立し04年に施行された同法では、トランスの人たちが戸籍の性別を変更するための過酷な要件を定めていて、一刻も早い改正が望まれている。でも右派の家族観では、特例法のひどい要件は維持されなければならない。**簡単に戸籍の性別が変えられるようになったら、こんなにも社会が混乱して、家族もメチャクチャになってしまうぞ**という理屈だね。現実的には、法律が現実に追いついていないせいでいろいろな不都合が生じているし、特例法の一部の要件が緩和されたくらいで性別の取り扱いに混乱が生じるわけでもないのに、何がいいたいんだろう。

　こうした状況が生まれた結果、本来は疎遠だったはずのフェミニストの一部と右派勢力が、トランス排除という一点で結束する場面も見られるようになってきた。トランスヘイトは、当事者たちの日常に危険をもたらすレベルで、ひどいものになってしまっているんだ。

Q14-2 SNSでのトランス差別がつらいんだ？

　うん。でも全然SNSのなかだけの話ではないんだよ。ちゃんと話を聞いてた？　トランスの人権回復はあまり進んでいないのに、バックラッシュばかりひどくなるんだから。

Q14-3 何かできることはある？

　うん。トランスに特化した権利回復（医療や法律）への後押しもあるし、それ以外にもいっぱいある。トランスジェンダーに限らず、抑圧されている人たちの健康や権利を守るための努力は、すべてトランスの人たちの生存につながっている。大多数のトランスに関わる課題としては、

労働者の権利が守られる必要があるし、とくにフリーランスで働く人やセックスワーカーなど、トランスの労働者がよく属している労働形態や職種の領域で、きちんと労働者の権利が守られるようにすることは急務だ。

　自分の性のあり方を侵害されずに生きていくためには、これまでフェミニズムが求めてきた**性と生殖に関する権利と健康（セクシュアル／リプロダクティブ・ヘルス＆ライツ）**がすべての人にとって守られる制度や文化も必要だ。マイノリティが学校から排除されない仕組みづくりも、学歴至上主義な社会の解体も、トランスジェンダーの悲願だ。このように、やるべきことはたくさんあるし、それはトランスジェンダーに限った話ではない。ぜひ、あなたができることから始めてほしい。

　それとあわせて、SNSでトランスヘイトを気にするようになった人には、ぜひ次のことも知っておいてほしい。いまSNSでなにげなく流れてくる情報は、トランスジェンダーに排除的な社会があるからこそ、流通しているものだ。つまり、前提がすでに偏っている。「差別」（Q12）のところでみたように、トランスの人たちはこの世の中でとても厳しい環境を生きていて、自分たちの状況を社会に訴えるための機会やリソースを奪われている。偏見も根強くある。だからSNS上で2つの対立する意見を見かけたからといって、どちらにも真実味があるんだな、と安易に考えるべきではないし、それらを両論併記すれば中立でいられるというわけでもない。

　それに、SNS上のトランスジェンダーについての「争い」は、いまではもう現実に生きているトランスの人たちを無視した「言葉のバトル」と化してしまっているものも多い。そんなものを眺めていても、せいぜいトランスヘイトに詳しくなるくらいで、肝心のトランスジェンダーの現実なんて何もわからない。SNS上のヘイトはひどい。目を覆うばかりの惨状だ。でも、そこにばかり注目するというのは、社会にはびこるトランス排除的な制度や構造から目を背ける結果にしかならない。

だからこそいつでも、生身のトランスの人たちが生きている現実に立ち戻る必要がある。当然「当事者」は一様ではない。みんながみんな品行方正なわけではない。下ネタが好きな人もいるし、なかには性犯罪を犯す人もいる。まるっきりシスの人と同じだ。性同一性障害や性別不合などの医療概念を好んでいる人もいれば、それを侮辱的だと感じる人もいる。「トランス女性」や「MtF」なんて呼称は知らず、「ニューハーフ」や「オカマ」と名乗る人もいる。トランスを想定していない社会で生き抜くために、めちゃめちゃに能力主義に染まりながらサバイブしてきた人もいる。決して表舞台に出ることはなく、自宅で療養している人もいる。誰にもトランスだと知られることなく、結婚して子どもを育てている人もいる。現実は、本当にごちゃごちゃだ。その多様な現実を踏まえながら、社会の構造的な偏りを見抜き、あるべき未来を探さなければならない。SNSで「議論」のネタにされ、炎上トピックとして消費される「トランスジェンダー」の姿に釘付けになっていては、そうした未来を探すスタートラインにつくことさえできない。

　現実はどうなっているだろう。どんなふうに生きていて、どんな困りごとがあるのだろう。次の第3部からは、ますますそうした生活の現実にフォーカスを当てていくよ。

トランスジェンダーの人たち

- 出生時に割り当てられた性別とジェンダーアイデンティティ
 が食い違っている──あるいは、
- 出生時に割り当てられた性別に期待されるあり方とは異なっ
 た性別の現実を生きている。
 ➢ 男らしさや女らしさがいやだった人たち、ではない。
- 人口の0.4%から0.6%くらいいる。
- 生活上の性別、書類上の性別、身体の性的特徴を変える人が
 いる。
 ➢ 性別移行。移行の状況やニーズは人それぞれ。
- 脱病理化されている。性同一性障害という名前はなくなった。
 ➢ これは、医療との関係を絶つことではない。
- 就労や教育からの排除、健康の剥奪など、差別を経験しがち。

注

（1）「令和2年（ク）第993号 性別の取扱いの変更申立て却下審判に対する抗告
棄却決定に対する特別抗告事件 令和5年10月25日 大法廷決定」（https://
www.courts.go.jp/app/files/hanrei_jp/527/092527_hanrei.pdf）〔2024年4
月6日アクセス〕

（2）虹色ダイバーシティ／国際基督教大学ジェンダー研究センター『niji
VOICE 2020──LGBTも働きやすい職場づくり、生きやすい社会づくりの
ための「声」集め』虹色ダイバーシティ／国際基督教大学ジェンダー研究セ
ンター、2020年、22ページ（https://nijibridge.jp/wp-content/uploads/2020/
12/nijiVOICE2020.pdf）〔2024年4月6日アクセス〕

（3）Sandy E. James, Jody L. Herman, Susan Rankin, Mara Keisling, Lisa Mottet
and Ma'ayan Anafi, *The Report of the 2015 U.S.Transgender Survey*,
National Center for Transgender Equality, 2016.（https://transequality.org/
sites/default/files/docs/usts/USTS-Full-Report-Dec17.pdf）〔2024年4月6
日アクセス〕

（4）M. V. Lee Badgett, Soon Kyu Choi and Bianca D.M. Wilson, *LGBT Poverty
in the United States: A study of differences between sexual orientation and
gender identity groups*, Williams Institute, 2019.（https://williamsinstitute.
law.ucla.edu/wp-content/uploads/National-LGBT-Poverty-Oct-2019.pdf）
〔2024年4月6日アクセス〕

（5）FRA: European Union Agency for Fundamental Rights, *EU LGBTI Survey II
－ A long way to go for LGBTI equality*, European Unioin Agency for
Fundamental Rights, 2020.（https://fra.europa.eu/sites/default/files/fra_
uploads/fra-2020-lgbti-equality-1_en.pdf）〔2024年4月6日アクセス〕

（6）ReBit『調査報告_20190207報告会抜粋 LGBTや性的マイノリティの就職
活動における経験と就労支援の現状』ReBit、2019年（https://fields.canpan.
info/data/organizations/138/138362/1383625397/files/HEexXASJ.pdf）
〔2024年4月6日アクセス〕

（7）TGEU, *Coming Home: Homelessness among trans people in the EU:
Policy Brief*, TGEU, 2021.（https://tgeu.org/wp-content/uploads/2021/12/
tgeu-homelessness-policy-brief-en.pdf）〔2024年4月6日アクセス〕

（8）FRA, *op. cit.*

（9）虹色ダイバーシティ『職場のLGBT白書──深刻なハラスメントと変化の兆し アンケート調査nijiVOICE 2018, 2019, 2020に寄せられた7,162名の声から』虹色ダイバーシティ、2021年（https://nijibridge.jp/wp-content/uploads/2021/12/ nijiVOICE_WP.pdf）〔2024年4月6日アクセス〕

（10）「性的指向と性自認の人口学──日本における研究基盤の構築」／「働き方と暮らしの多様性と共生」研究チーム（代表 釜野さおり）編、釜野さおり／石田仁／岩本健良／小山泰代／千年よしみ／平森大規／藤井ひろみ／布施香奈／山内昌和／吉仲崇『大阪市民の働き方と暮らしの多様性と共生にかんするアンケート報告書（単純集計結果）』（JSPS科研費16H03709）、「性的指向と性自認の人口学──日本における研究基盤の構築」／「働き方と暮らしの多様性と共生」研究チーム、2019年

（11）James, Herman, Rankin, Keisling, Mottet and Anafi, *op. cit.*

（12）Stonewall, *School Report: The experiences of lesbian, gay, bi and trans young people in britain's schools in 2017*, Stonewall, 2017.

（13）日本財団『日本財団子どもの生きていく力サポートプロジェクト『日本財団第5回自殺意識調査』報告書』日本財団、2023年（https://www.nippon-foundation.or.jp/app/uploads/2023/04/new_pr_20230407_02.pdf）〔2024年4月6日アクセス〕

（14）日高庸晴、第2回「LGBT当事者の意識調査──世の中の変化と、当事者の生きづらさ：宝塚大学看護学部日高教授への委託調査」2019年

（15）Denton Callander, Jeremy Wiggins, Shoshana Rosenberg, Vincent Cornelisse, Liz Duck-Chong, Martin Holt, Mish Pony, Emanuel Vlahakis, James MacGibbon, Teddy Cook, *The 2018 Australian Trans and Gender Diverse Sexual Health Survey: Report of Findings*, The Kirby Institute, UNSW Sydney, 2019.（https://www.kirby.unsw.edu.au/sites/default/files/documents/ATGD-Sexual-Health-Survey-Report_2018.pdf）〔2024年4月6日アクセス〕

（16）Stonewall, *School Report*.

（17）Michael E Newcomb, Ricky Hill, Kathleen Buehler, Daniel T Ryan, Sarah W Whitton and Brian Mustanski, "High Burden of Mental Health Problems, Substance Use, Violence, and Related Psychosocial Factors in Transgender, Non-Binary, and Gender Diverse Youth and Young Adults," *Archives of Sexual Behavior*, 49（2）, Feb, 2020.

（18）Stonewall, *LGBT in Britain-Trans Report*, Stonewall, 2018.

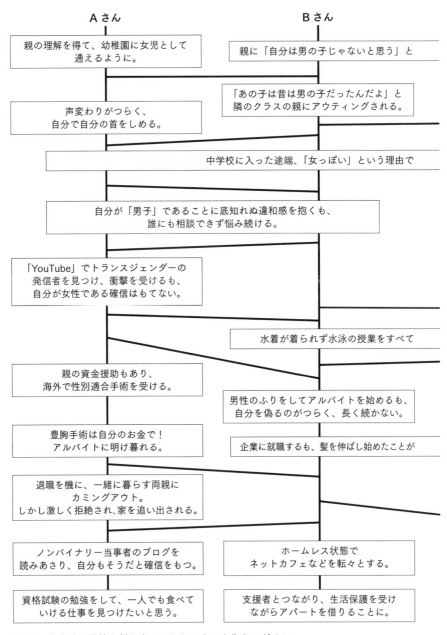

Aさん

親の理解を得て、幼稚園に女児として通えるように。

声変わりがつらく、自分で自分の首をしめる。

自分が「男子」であることに底知れぬ違和感を抱くも、誰にも相談できず悩み続ける。

「YouTube」でトランスジェンダーの発信者を見つけ、衝撃を受けるも、自分が女性である確信はもてない。

親の資金援助もあり、海外で性別適合手術を受ける。

豊胸手術は自分のお金で！アルバイトに明け暮れる。

退職を機に、一緒に暮らす両親にカミングアウト。しかし激しく拒絶され、家を追い出される。

ノンバイナリー当事者のブログを読みあさり、自分もそうだと確信をもつ。

資格試験の勉強をして、一人でも食べていける仕事を見つけたいと思う。

Bさん

親に「自分は男の子じゃないと思う」と

「あの子は昔は男の子だったんだよ」と隣のクラスの親にアウティングされる。

中学校に入った途端、「女っぽい」という理由で

水着が着られず水泳の授業をすべて

男性のふりをしてアルバイトを始めるも、自分を偽るのがつらく、長く続かない。

企業に就職するも、髪を伸ばし始めたことが

ホームレス状態でネットカフェなどを転々とする。

支援者とつながり、生活保護を受けながらアパートを借りることに。

図10　出生時に男性を割り当てられた4人の人生あみだくじ

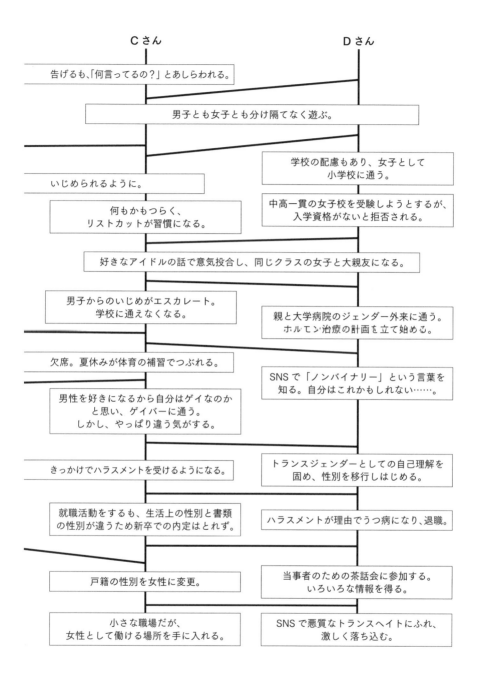

Cさん　　　　　　　　　Dさん

告げるも、「何言ってるの?」とあしらわれる。

男子とも女子とも分け隔てなく遊ぶ。

学校の配慮もあり、女子として
小学校に通う。

いじめられるように。

中高一貫の女子校を受験しようとするが、
入学資格がないと拒否される。

何もかもつらく、
リストカットが習慣になる。

好きなアイドルの話で意気投合し、同じクラスの女子と大親友になる。

男子からのいじめがエスカレート。
学校に通えなくなる。

親と大学病院のジェンダー外来に通う。
ホルモン治療の計画を立て始める。

欠席。夏休みが体育の補習でつぶれる。

SNSで「ノンバイナリー」という言葉を
知る。自分はこれかもしれない……。

男性を好きになるから自分はゲイなのか
と思い、ゲイバーに通う。
しかし、やっぱり違う気がする。

きっかけでハラスメントを受けるようになる。

トランスジェンダーとしての自己理解を
固め、性別を移行しはじめる。

就職活動をするも、生活上の性別と書類
の性別が違うため新卒での内定はとれず。

ハラスメントが理由でうつ病になり、退職。

戸籍の性別を女性に変更。

当事者のための茶話会に参加する。
いろいろな情報を得る。

小さな職場だが、
女性として働ける場所を手に入れる。

SNSで悪質なトランスヘイトにふれ、
激しく落ち込む。

第３部

性別分けスペース

　第1部では、いまの社会で「性別」がどれだけ重視されているか、そして生きていくうえで逃れがたいものになっているかを確認した。第2部では、そんな社会で生きているトランスジェンダーの人たちの状況に焦点を当てた。とはいえ、ここまで読んで**でも、やっぱり気になることが**……と、いろんな疑問をもっている人も多いだろう。最近はSNSでもひっきりなしにトランスジェンダーのことが「話題」にされているから、いろいろ気になっていることがある、ということもあるかもしれない。もしかしたらあなたは、「これを言ったらトランスジェンダーへのヘイトになるのかな？」と、心配な気持ちにもなっているかもしれない。

　第3部からは、そういう「どこかで見聞きしたような疑問」や、トランスジェンダーへの「よくある質問」を並べて、順番に回答していく。第3部では性別分けスペースにまつわる質問、第4部「「トランス差別はいけないけれど気になる」疑問」ではそれ以外の「気になる」質問を取り扱う。

　とはいえ、最初にいっておくけれど、あなたがすぐに思いつくような「疑問」は、トランスの当事者の人たちにとってみれば、生きていくうえでもう何万回も、飽き飽きするほど見聞きしてきたものだ。だから、

お願いがある。この本を読んだら、そうした「素朴な疑問」をほかの人の前で口にするのはやめよう。あなたはこの本を読むことができたのだから、それで終わり。これからは、こういう質問を言葉にして発する人ではなく、こういう質問を発信している人をやんわり諭してあげられる側の人になろう。

　そして、**第3部と第4部では、トランスの人にとっては見るだけでいやな気持ちになる発想をたくさん紹介している。**だから、無理はしないでほしい。この本は、あなたを傷つける人を少しでも減らすために作られた本だけれど、あなたがこの本を無理して読む必要はない。

▶素朴な疑問は素朴ではない

　実際に「素朴な疑問」に答えていく前に、意識しておいてほしいことがある。
　あなたの頭になにげなく浮かぶ「素朴な疑問」は、実はまったく素朴ではないんだ。
　なぜかって？　それはいまの世の中が、シスジェンダーを主人公にしたものだからだ。つまり、いろいろな制度や法律、文化そして建物の作りなどは、いまのところほぼすべてシスジェンダーの人々のためにできている。そして、トランスジェンダーの人たちがいくら自分たちの状況を訴えても、この社会はその訴えを無視することができる。実際、ほとんどずっと無視してきた。だから、あなたが心に抱いているかもしれない「疑問」は、そのほとんどが、こうした世の中の**偏り**によって生まれたものだ。「素朴な疑問」が生まれる背景は、残念ながら全然「素朴」ではない。そのことを意識しよう。
　例えば、トランスジェンダーという存在が話題にのぼった途端に、トイレやお風呂にまつわる「素朴な疑問」を口にしはじめる人がいる。ど

うして、いつもトイレやお風呂なのだろう。ずいぶんと話題に**偏り**があると思わないだろうか。こうなってしまう背景には、**偏見や不適切な連想**が存在している。トランスジェンダーという概念が過剰に「性」の話題と結び付けられてしまっていて、身体のプライベートゾーンに関係するとされる「トイレ」や「お風呂」といった概念と連想ゲーム的に結び付いてしまう状況がある。トランスの人たちが世の中に訴えたいことは、山ほどある。法律のこと、医療のこと、労働のこと、教育のこと、家族形成のこと……。でも、そうした話題を全部すっ飛ばして、「トランスジェンダーといえばトイレとお風呂！」という連想ゲームが社会で一般化している。そうした「連想ゲーム」から生まれた「素朴な疑問」は、だから全然「素朴」じゃない。

　そして、そういう「素朴な疑問」は、たいていはトランスの人たちが生きている現実を知らないからこそ生まれている。すごく初歩的なレベルで誤解をしていることも多い。そうした**無知・無理解**がはびこっているのも、情報の**偏り**があるからだ。トランスの人たちが発信する生活のリアルはなかなか情報として広まらない一方で、シスの人たちの勝手な想像や時代遅れの認識ばかりが幅をきかせてしまう。

　やっかいなのは、そうした誤解や無理解をベースにした「素朴な疑問」がいつまでもなくならないことだ。なぜか？　それも、世の中に**偏り**があるからだ。普通に考えれば、トランスジェンダーにまつわるトピックについて、誰よりも詳しいのはトランスの当事者たちだ。でも、当事者が情報提供をしたり、「素朴な疑問」に答えたりしても、そういう言葉はなかなか浸透しない。逆に、トランスのことについて知りもしないシスジェンダーの思いつきのほうが、「真実味があること」として拡散され、SNSなどでははるかに浸透しやすい。なぜか？　**信頼性の偏り**があるからだ。トランスの人たちの言葉は信頼されにくく、シスの人たちの言葉は信頼されやすい。

　もしイメージしにくければ、男性・女性という性別の話に置き換えて

「素朴な疑問」は素朴ではない

トランスジェンダーへの
偏見・不適切な連想

当事者の現実に対する
無知・無理解

信頼性の偏り
➤ 合理性の否定

性別についての
解像度の粗さ

トランスジェンダーについての
「素朴な疑問」

図11 「素朴な疑問」は素朴ではない

もいい。いまの社会では、男性が言うことは信頼するけれど、女性が言うことは疑ってかかる、という人が多くいる。女性差別があるからだ。性差別が「信頼性の偏り」として現れているんだ。同じことが、シスジェンダーとトランスジェンダーのあいだにも起きている。

　そうした信頼性の偏りには、悪い副産物がいろいろある。典型的なのは、**合理性の否定**だ。簡単にいえば、社会がトランスジェンダーの人たちを「非合理的な連中」としてイメージしてしまうことを指す。トランスジェンダーの人は、わがままで、話が通じなくて、混乱を引き起こす、メチャクチャな人たちにちがいない……というイメージが、いまの社会ではうっすら共有されている。

　当たり前のことだけど、トランスの人たちだって、シスの人たちと同じように、自分たちの人生があり、生活がある。進んでトラブルに巻き込まれたいとは思わないし、自分の目的をできるだけスムーズに実現するための最短ルートを、いつも探している。大変なことも多いけれど、シスの人たちと同じように、自分の人生を生きている。それなのに、世の中ではトランスの人たちが「異常」で「おかしな」連中としてひとくくりにされることがある。だから、トランスの人たちがちょっとでも自分たちの権利を訴えると、**トラブルを起こす当事者が出てくるにちがい**

ない! という反応がすぐ返ってくる。こういう反応は、一見すると「世の中のため」を思っているように見えて、実際にはトランスの人たちを「トラブルメーカー」として一方的にイメージしているだけだ。ここにあるのが、合理性の否定。

なんてひどいことだ、と思うだろう。でも多くの人たちが思いつく「素朴な疑問」には、そうした「合理性の否定」が頻繁に混入している。詳しくはあとで説明しよう。

ここまで、トランスジェンダーとシスジェンダーのあいだにある「偏り」について述べてきたけれど、これからみていく「素朴な疑問」が生まれる背景には、もう一つ重要な要素がある。それは、シスの人たちが**性別についてもっている理解が大雑把すぎる**ことだ。例えば第1部で紹介した「トイレは戸籍の性別で分かれています」とか、「性別とは身体の特徴のことです」という発想には、何となく納得してしまいそうになる人も多いのではないだろうか。しかし実際には、すさまじく解像度が粗い。第1部で紹介した「性別の多元性」についての理解（26ページ）や、第2部でふれた「4つの性別」という視点（52ページ）が、ここには欠けている。こういう「性別についての解像度の粗さ」が、トランスジェンダーに対する「素朴な疑問」や「質問」を生み出す原因になっている。

第3部と第4部では、具体的な「素朴な疑問」を列挙して、それに答えていく。ただ、それらが「素朴」ではないことには、いつも注意する必要がある。

・その「疑問」には、トランスの人たちに対する偏見や不適切な連想が交じっていないか？
・その「疑問」は、トランスの人たちに対する無知・無理解から生まれたものではないか？
・その「疑問」は、トランスの人たちとシスの人たちのあいだの「信頼性の偏り」が生み出したものではないか？

・その「疑問」は、トランスの人たちの合理性を否定しているために出てきた発想ではないか？
・その「疑問」は、性別についての解像度の粗さに由来していないか？

▶ 未来を考えるために

「素朴な疑問」には、もう一つ無視できないことがある。それは、そうした「疑問」が、しばしば**未来への不安**を内包していることだ。最も典型的なのは、「トランスジェンダーのせいで、性別で分かれた空間が混乱するのではないか？」というものだ。これは、（とくに）女性の安心・安全がこれから脅かされることになるのでは？という未来への不安につながっている。

でも、落ち着いて考えよう。トランスジェンダーは、なにも新しく急に現れた存在ではない。昔からそういう人たちはいたし、いまもいる。なのに、「新しくトランスジェンダーなんていう人たちが現れたら……」という焦りは、どこからくるのだろう。

トランスの人たちは、この社会には変わるべきことがあると考えている。Q12で紹介した差別のデータにも表れているように、困りごとを抱えていたり、差別を受けたりすることが多いからだ。だから、トランスの人たちは**いまとは違う未来**を求めている。こうやって聞くと、「どんな未来を望んでいるの？」という不安をもつ人もいるのだろう。でも、トランスの人たちがどんな未来を願っているのかを知ることなしに、ただ不安だけを募らせていくのは、ちょっとフェアではないんじゃないだろうか。

だから、次の4ステップをいつも頭の片隅に置いておいてほしい。

未来について考えるための4ステップ

> ●●の部分にいろいろなテーマを代入してみよう
>
> ①現在の社会で、●●はどんなあり方をしているだろう？
>
> ②現在の社会で、トランスの人たちは●●についてどんな困りごとを抱えているだろう？
>
> ③その困りごとを解決するには、どんな変化が社会には求められるだろう？
>
> ④その変化は、トランスジェンダーだけでなく社会のすべての人にとってどんな影響を与えるだろう？

　●●の部分に、トイレでもお風呂でも、学校でも、どんなテーマでも代入してみてほしい。そして、きちんと考えよう。「トランスジェンダーの権利を認めると、こんな未来がくるのではないか」という抽象的な不安を抱えて、それをそのままにするのではなく、きちんと未来について考えよう。そうやってきちんと未来について考えるためには、現実から出発する必要がある。①いまの社会がどんなふうになっていて、②そこでトランスの人たちがどんな困りごとを経験していて、③それを解決するには何が必要なのかを知らなければ、トランスの人たちが求めている未来のあり方は見えてこないからだ。

　このステップをサボってしまうと、先ほど「素朴な疑問」の背景として説明した要素がどっと流れ込んできてしまう。偏見に基づいた議論が始まったり、「こんなめちゃくちゃな未来を求めているにちがいない」と決め付けられたりする。それではだめだ。

　あなたが「素朴な疑問」を抱いていることを責めるつもりはない。いまの社会には圧倒的な「情報の偏り」があるから、それは仕方がない。でも、その状況に甘んじて、抽象的な「未来への不安」を安易に口にするのはやめよう。未来について考えたいなら、この4ステップに沿って

きちんと考えよう。

　さあ、準備作業はここまで。素朴な疑問は素朴ではない。未来を考えるには現在を知る必要がある。この2つの合言葉とともに、「素朴な疑問」に答えていくことにしよう。

Q15▶トランスジェンダーは性別分けスペースに 混乱を招きませんか？

　トランスジェンダーという存在について耳にすると、すぐにトイレやお風呂の話をしようとする人は多い。トランスジェンダーのせいで、性別分けスペースに新しく混乱が生まれるのではないか、女性の安全が脅かされるのではないか。そうした疑問を見聞きしたことがある人は多いと思う。こういうときこそ、現実にきちんと立ち返ろう。あなたが見聞きしたことがある「不安」は、実際には現実とは無関係に膨らんでしまった、空想上の未来についてのものかもしれない。

Q15-1 でも性別分けスペースは身体で分かれているのでは？

　やっぱり最初に出てくるのはその質問だよね。「性別」について考えると「身体」に目が向くし、これまでもマスメディアなどでは「トランスジェンダー」や「性同一性障害」が「心の性と身体の性が一致しない人たち」と説明されてきたから、どうしても「トランス女性は身体が男性」とか「トランス男性は身体が女性」というイメージは強いのだろう。それで、例えばこういう「素朴な疑問」が出てくる。——「身体が男性」の人が「心が女性です」と主張して女性用トイレに入ってくるのは怖い、とか。

　トイレとお風呂などの具体的な事例については、Q16とQ17で扱う。ここでは、こうした「不安」の大前提になっている発想について吟味しておきたい。それは、次のような「不適当な発想」だ。

①性別分けスペースは〈身体の性別〉で分かれている。

②トランス女性は〈身体が男性〉であり、トランス男性は〈身体が女性〉である。

③だから、トランス女性は常に男性用のスペースを、トランス男性は常に女性用のスペースを使うべきだ。

この**発想**には多くの問題が含まれている。

Q15-2 トランスジェンダーは身体の性別と心の性別が違うんじゃないの？

言いたいことはわかる。これまでメディアでそういう説明がされてきたのは事実だ。トランスジェンダー女性は「身体が男性だけど心が女性である」とか、トランスジェンダー男性は「身体が女性だけど心は男性である」とか。でも、性別分けスペースについて考えるときにそうした説明を無批判に使うのは、とても危険だ。順番に4つの問題を紹介していく。

問題1◆現実が覆い隠される

第2部で書いたように、性別というのは多元的だ。書類に書かれた性別、生活している性別、身体の性的特徴、そしてジェンダーアイデンティティなど、いくつかの水準で考えることができるからね。シスの人たちは、これらの性別の情報が「すべて女性（的）」もしくは「すべて男性（的）」で一貫しているけれど、トランスの人たちはそうではない。書類上の性別は男性だけれど、周囲からは女性として見なされ、女性として誰にも気づかれずに生活している人もいる。なかには、戸籍の性別を変えている人もいる。性器の手術を受けた人もいる。でも、私たちは

公衆浴場や性交渉の場面でもなければずっと服を着ているから、ほとんどの生活の実態は性器の手術と関係がない。

　だから、同じトランス女性・トランス男性という集団の内部でも、「書類上の性別」「生活上の性別」「身体の性別（性的特徴）」「ジェンダーアイデンティティ」の組み合わせや整合性はまちまちだ。それらすべてが「女性」であるトランス女性や、それらすべてが「男性」であるトランス男性もいれば、ジェンダーアイデンティティとそれ以外の3つが食い違っているような人まで、さまざまな人がいる。

　こうした多様な状況を知らずに、先ほどの不適当な「発想」をもっている人は、まだまだ多い。しかし、トランスの状況を踏まえれば、こうした発想にはなんの意味もないことがわかる。ポリティカル・コレクトネスの話である以前に、そもそも現実を捉えられていないんだ。なぜなら、すでに男性として生活していたり、男性的な身体の特徴を得ていたり、書類も男性であるようなトランス男性に向かって「女性用トイレを使うべきだ」とか「女性用の更衣室を使うべきだ」と言ったりするのは、単純にばかげているからだ。知り合いの男性に、「あなたは女性用トイレを使うべきだ」なんて言わないよね？　それと同じこと。もちろん、これはトランス女性のパターンでも同じだ。

　こんなズレた「発想」が説得力をもつのはなぜだろうか。それは、この「発想」に含まれた「身体が男性」「身体が女性」という言い回しが、圧倒的なパワーをもっているからだ。そう、**この言葉はトランスの人たちの状況が多様であるという当たり前の事実を、全部わからなくしてしまう。** そうやって現実をまるっきり無視してトランスの話をすることに何の意味があるだろうか。もっときちんとした言葉で、現実に即した議論をしたほうがいい。

問題2◆余計なイメージを喚起してしまう
　「発想」にひそむ2つ目の問題は、「身体が男性」「身体が女性」という

この言葉が、トランスジェンダーについての余計なイメージを喚起して
しまう点にある。

　ちょっと考えてみてほしい。あなたが女性だとして、誰かからいきな
り「女性用のトイレに〈身体が男性〉の人が入ってきたらいやですよ
ね？」と聞かれたとする。何となく「いやかも」と感じる人は多いので
はないだろうか。そのとき、あなたはどんな人物をイメージしただろう
か。つまり「身体が男性の人」としてあなたがイメージしたのは、どん
な人だろうか。

　おそらくそれは、男性的な外見をした人とか、あるいは単に男性とし
て生きている人ではないだろうか。要するに、あなたは**女性用のトイレ
に男性（あるいは男性に見える人）が入ってくるのはいやだ**と感じたのだ
ろう。

　これこそが、「身体が男性／身体が女性」という言葉がもつ余計な機
能だ。この表現は、一見すると人の**身体の特徴**を示しているようにみえ
る。しかし、実際にはこの言葉は、人の**外見**や、あるいは**生活実態**につ
いての特定のイメージを強く喚起する。前者と後者に必然的な結び付き
があるわけではないにもかかわらず、だ。つまり「身体が男性」の人が
女性用のトイレに入ってきたら怖い、そんな世界はいやだという不安は、
「身体の性別」という言葉がもっているこの不適切な言葉の機能に由来
する。だから、いま吟味している「発想」は、「身体が男性／身体が女
性」という言葉が身体の特徴以上に特定の見た目や生活のありようを強
烈にイメージさせるという、言葉のレトリックに基づいたものだと指摘
できる。

　ここでも、思い出してほしい。トランスの人たちの状況は多様だ。ト
ランス女性もトランス男性も、そしてノンバイナリーの人も、それぞれ
の人たちの状況は多様だ。もちろん、見た目や生活のあり方についても
人それぞれ違う。それなのにトランス女性は〈身体が男性〉、トランス
男性は〈身体が女性〉などと表現することは、トランスの現実を全部無

視して、偏った外見のイメージを画一的に惹起する。要するに、「身体が女性」とか「身体が男性」という言葉は、トランスの人たちの現実を捉えて、落ち着いて議論をするためには向いていないんだよ。

問題3◆性別についての解像度が粗い

あらためて「発想」をみてみよう。

不適当な「発想」

①性別分けスペースは〈身体の性別〉で分かれている。
②トランス女性は〈身体が男性〉であり、トランス男性は〈身体が女性〉である。
③だから、トランス女性は常に男性用のスペースを、トランス男性は常に女性用のスペースを使うべきだ。

ここでは、そもそもの前提として「性別分けスペースは〈身体の性別〉で分かれている」とされている。でも、これはいったい何をいっているのだろう。よく考えたらおかしな気がしないだろうか。**性別分けスペースは、性別で分かれている。** なぜなら、性別分けスペースだから。

このままだと頭がぐるぐるしそうだ。具体的に考えてみよう。例えば、男女で更衣室が分かれているスポーツジムがあって、そのジムの更衣室では、入り口で会員カードをかざすことになっているとする。女性として会員登録していれば、カードに女性であることが記録されているから、そのカードをかざすことで、女性用更衣室の鍵が開く。そうでなければ、鍵は開かない。男性用の更衣室も同じ。カードをかざすことで、利用者の性別をシステムが判断し、そうして判断された性別に応じて使える更衣室が決まっているということだ。

順を追って考えてみよう。まず、この更衣室は「何によって」分かれ

ているのだろう。いうまでもない。性別によって分かれている。そこは、性別分けスペースということだ。次に、利用者の性別は「どのように」判断されているだろう。答えは会員カードだ。会員カードに登録された性別情報に基づいて、利用者の性別が判断されている。さらにいうと、会員カードに記録された性別がどのような経緯で記録されたのかは、ジムの運用による。利用者の身分証（書類上の性別）や外見（他者判断）と自己申告（自己判断）の一致などで決まっているケースが大半だろう。整理しておく。

①スポーツジムの更衣室は何によって分かれているのか――性別
②利用者の性別は、何に基づいて判断されているのか――カードの記録情報

　これが、いま想像してもらったスポーツジムでの、性別分けスペースの運用だ。

　こうやって思考をクリアにすることで、スポーツジムに限らず、性別分けスペースについて考えるための指針が手に入る。例えば、多くの人が思いつくように、トイレというのは性別分けスペースの一つだ。ここではまず、知り合いと出会う可能性がない駅のトイレを例に考えてみよう。

　先ほどのように整理すると、次のようになる。
①男女別の公衆トイレは何によって分かれているのか。
②利用者の性別は、何に基づいて判断されているのか。

　①に対しては、ここでも「性別によって」と答えることができる。②の問いに対しては、ちょっと補足が必要かもしれない。

　日常生活を振り返ってみよう。例えば髪が長く、スカートの着用を好む男性がいたとする。実際にそういう男性はいるだろう。こうした男性は、男性用トイレで周りから驚かれたりすることがある。反対に、髪が

短かったり筋肉質だったりする女性は、女性用のトイレでほかの人にぎょっとされたり、警備員を呼ばれたりすることがある。こうしたトラブルが起きるのは、私たちが他者の外見を根拠に、相手の性別を判断しているからにほかならない。

そこでは、その人の外見が**キー**の役割を果たしていることになる。さっきのスポーツジムでは、会員カードが「キー」になって、更衣室のドアが開いていたのだった。そのカードに登録された性別情報に基づいて、その人の性別が判断されるということ。公共の場のトイレでは、その「キー」の役割を果たしているのは外見だ。トイレの利用者は、他者の外見に基づいて相手の性別をジャッジする。そうしてジャッジした他者の性別が「ここにいるはずの性別」と一致しないとき、いまの社会では周囲の利用者の困惑や不安感を招く結果になる。先ほど例に挙げた人たちは、そうやってトラブルになっていたんだね。

今度は、利用者がお互いのことをよく知っている会社のトイレを考えてみよう。まず、会社では相手のことをすでに知っているから、②他者の性別は、相手についての既知の情報に基づいて判断される。だから、女性社員が男性用トイレにいたり、男性社員と急に女性用トイレで遭遇したりすると、想定外の事態になる。赤の他人とすれ違うだけの駅のトイレでは、他者の性別を判断する根拠（キー）が見た目くらいしかないのに対して、互いを知っている会社員同士ではそうはならない。

そういうわけで、「性別分けスペースは〈身体の性別〉で分かれている」というのは、これだけでは何をいっているのかわからないことになる。①性別分けスペースは性別で分かれているし、②性別の判断にあたって「身体の性別」が「キー」の役割を果たしているといいたいのだとしたら、もう少し具体的な説明がほしい。

もしかしたらこの「発想」は、②現在の性別分けスペースでは、その人がペニスをもつのかヴァギナをもつのかに基づいて他者の性別が判断されている、といいたいのかもしれない。でも、それは現実社会とはほ

とんど無関係の話だ。性別分けスペースの利用にあたって、外性器を互いに目視する機会がある場所なんてほとんどない。結局、この「発想」は、最初の大前提からしてあまりに漠然としすぎているんだ。

問題4◆トランスの人たちが本当に求めていることを覆い隠してしまう

　先ほどからみてきた不適当な「発想」には、一つの隠れた前提がある。それは、**トランスジェンダーの人たちが「心の性別」に応じてすべての性別分けスペースを使えるようにするよう求めている**という前提だ。でも、その前提はいったいどこからきたのだろう。先に結論だけいうと、トランスの人たちが「心の性別」に合わせて既存のすべての性別分けスペースを使える世界を求めているというのは、そこだけみれば誤解だ。さらにいうと、それは捏造された主張でもある。

　確かに、トランスの人たちはいまの社会に「変わるべきところ」があると考えている。でも、それは「心の性別」に重きを置いて、すべての性別分けスペースを「心の性別」に応じて使えるようにせよ、という要求でまとめられるようなものではない。結果としてこの「発想」は、トランスジェンダーの人たちが求めているはずの社会の変化を、むしろ覆い隠してしまっている。詳しくは、このあと「トランスジェンダリズム」という言葉とともに検討する。

　これで発想に含まれた問題点の吟味は終わり。性別分けスペースは「身体の性別」で分かれている——というこの「発想」は、トランスの人たちが生きている現実を覆い隠す（問題1）と同時に、「身体の性別」という言葉で余計なイメージを喚起し（問題2）、性別についての解像度の粗さから生まれたものであるうえに（問題3）、トランスの人たちが本当は何を求めているのかを理解していない（問題4）。要するに、全然だめなんだね。

Q15-3 ジェンダーアイデンティティ(性自認)が女だといえば、男にしか見えない人間でも女性用スペースに入れないと差別になるの?

この問いも、よく耳にする問いの一つだ。トランスジェンダーという集団が「既存のすべての性別分けスペースについて、性自認に沿った使用を認めろ」という要求をしていることになっていて、そういう要求を「性自認至上主義／トランスジェンダリズム」と呼ぶ人たちもいるみたいだ。

ただ実際には、そうした当事者運動がおこなわれているわけではない。もっぱら、トランス差別をしたい人たちが「トランスジェンダーというヤツらはこんなむちゃな主張をしているぞ、とうてい受け入れるわけにはいかない」と言うために動員されている主張だ。だからこの問いは、そもそも差別したい人たちが作り上げた枠組みだと、とりあえず答えておく。

Q15-4 トランスジェンダリズムって何?

少し歴史の話をするね。この言葉の英語にあたるtransgenderismには、そもそもたいした意味はない。「トランスジェンダーであること」とか、それくらいの中立的な意味の単語にすぎない。少なくとも、近年になってこのようにトランスジェンダー差別が激化する以前は。

とはいえ「トランスジェンダー」という用語は、もともとかなり強い政治的意味をもっていた。当事者のエンパワメントのために提唱されたものだからだ。ただし、その意味は現在の**性自認至上主義**のようなものとはまったく別物。

もともと1970年代にアメリカのヴァージニア・プリンスがトランスジェンダリズムを主張したときには、「ちゃんと普通の男／女ですよ」と生きることを是としたトランスセクシュアル(外科的手術まで必要とす

るトランスジェンダー)の人たちに対して、「規範的な男でも女でもなくてもべつにいい。私は私」という主張をしたのが始まりだった。日本で2003年に出版された『トランスジェンダリズム宣言──性別の自己決定権と多様な性の肯定』(米沢泉美編著、社会批評社)という本でも、同じようにトランスの人たち自身が自己のあり方を決めていいというメッセージが語られている。医療者に人生を委ねるのでも、主流社会におもねるのでもない、自分の人生を自分の手に取り戻すという意味での「自己決定」としての「トランスジェンダリズム」という立場から、現状分析がなされている。そこでは、「いついかなるときでも、性自認に沿った扱いをしろ。性別分けスペースも性自認に沿ってすべて使わせろ。そうしなければ差別だ」なんて、むちゃくちゃな主張がされているわけではなかった。

　そうした意味での「トランスジェンダリズム」という言葉は、いまでは当初の意味が歪められてしまった。トランスジェンダーという集団が唱えていることにされている、荒唐無稽な主義・主張を指すために使われることが増えたというわけ。脱病理化も達成され、「トランスジェンダー」という言葉それ自体がもっていた政治的なニュアンスが薄まっていった一方で、今度はトランスジェンダーの存在そのものを政治的イデオロギーと結び付けるような「トランスジェンダリズム」が捏造されたってこと。

　残念ながらいま「性自認至上主義／トランスジェンダリズム」をめぐって沸き起こっている「疑問」は、トランスジェンダーという集団の合理性の否定の結果として生まれているものだ。**トランスジェンダーはこんなめちゃくちゃなことを言っているぞ**と言って、トランスの人たちへの敵意を拡大させたり、トランスの人たちの権利回復の訴えを捻じ曲げて伝えたりするために「性自認至上主義／トランスジェンダリズム」は持ち出されている。だから「トランスジェンダリズムを認めないと差別になるんですか?」という質問は、素朴な疑問ではない。それは、トラ

ンスの人たちを社会から排除するために作られた枠組みをすでに前提に
しているからだ。

Q15-5 ジェンダーアイデンティティ（性自認）を尊重する必要はない の？

　いや、そういう話ではない。自分のアイデンティティを尊重する／さ
れるというのは、トランスジェンダーだろうと誰だろうと、とても大切
なことだ。誰にも他者のアイデンティティを否定する権利なんてない。
この話をトランスジェンダーの人たちに適用するなら、トランスの人た
ちのジェンダーアイデンティティが尊重される空間を増やすのは、とて
も大事なことだ。

　第2部のQ4-1でも説明したように、私たちには「生活上の性別」が
ある。そして、それぞれの生活の「場」ごとに、その人の性別を形作る
要素の「重み」は異なっている。例えば知り合いがいない電車内なら、
外見が性別の判定根拠として重みをもつ。家庭なら、「娘」や「息子」
として育てられてきた来歴が重みをもつ。他方で、LGBTQ当事者が集
まるサークルなどでは、その人の外見や来歴よりも、本人のジェンダー
アイデンティティ（のカミングアウト）が重みをもつ。とはいえ、いまの
社会では、そうしてジェンダーアイデンティティが「重み」を与えられ
る場所はまだまだ少ない。この状況は、少しでも変わったほうがいい。
トランスの子ども・若者が安全に学校で学んだり、トランスの大人が安
全に職場で働いたり、病院にかかったりできる環境を作るために、ジェ
ンダーアイデンティティの「重みづけ」は社会全体でもっともっと向上
させる必要がある。それはきっと、Q12で紹介したような厳しい数字
を改善するのに大きく役立つ。そうして「重み」を与えていくことで、
実際にどんな変化をもたらすことができるのかは、もちろん「場」によ
って違うだろう。でも、ジェンダーアイデンティティを尊重するという
ことが、こうした「重み」の問題であることを、いったんは理解してほ

しい。

　他方で、「ジェンダーアイデンティティを尊重する」という目標は、「ジェンダーアイデンティティを否定しない・軽んじない」という重要な課題を内包してもいる。わかりやすくするために、性的指向に置き換えて考えてみよう。**誰かの性的指向を尊重する**とは、いったいどういうことだろうか。残念ながら、いまの日本社会では、同性愛や両性愛、パンセクシュアル（全性愛）やAセクシュアル（無性愛）など、異性愛以外の性的指向をもっていると、そのセクシュアリティをばかにされたり、侮辱されたり、気持ち悪がられたり、「いつかは異性愛になる」などと軽んじられたりすることがある。尊重される、ということの反対だ。だから**性的指向を尊重しよう**というのは、まずはそういう軽視や侮辱をやめましょうということを意味している。当事者がいないと勝手に決め付けて、飲み会で「ホモネタ」で笑い合ったりするのも、そうした軽視や侮辱の一種だ。

　この話の延長で、例えば会社の同僚から、同性のパートナーがいるというカミングアウトを受けたとしよう。そこであなたが、同僚の性的指向**を尊重する**というのは、どういうことだろうか。それは、2人の関係について上から目線でジャッジしたり、下世話な興味・関心に基づく質問をしたりしないということだ。そして、同僚との付き合い方を急に変えたりもせず、同僚が会社でいやな目に遭ったときに相談できる意志があると伝えることだ。これはなにも、性的指向だけを取り出してことさら特別扱いすることではない。相手を人として尊重し、同僚の交友関係に余計な口出しをせず、困ったときにサポートする用意があると伝えるのは、性的指向がどうであるかにかぎらず、ごく当たり前に求められることにすぎない。

　大切なのは、誰かの性的指向を尊重するために、すべての人の性的指向をあらかじめ聞いておく必要はないということだ。むしろ、会社の入社にあたって全員の性的指向を調査して「あなたはレズビアン（女性同

性愛者）なのですね、レズビアンとして尊重します！」とか「あなたは異性愛者なので異性愛者として尊重します！」とか、そんなことをするのはばかげている。そんな調査をして性的指向を回答させるのは深刻なパワハラ・セクハラ（パワーハラスメント・セクシュアルハラスメント）だし、性的指向のマイノリティの人にとって、そんな環境は恐怖でしかない。

　ここで、トランスジェンダーの話に戻そう。まず、いまの社会では、トランスジェンダーのジェンダーアイデンティティを軽んじ、ばかにしてもいいという風潮が作られてしまっている。だから性自認（ジェンダーアイデンティティ）という言葉をもじって「3歳児を自認している大人がいたらどうするんだ」とか、そういう冗談や「思考実験」が、トランスジェンダーの尊厳を否定するような仕方で平気で口に出されている。それと並行するように、トランスの男性を「女」扱いしたり、トランスの女性を「やっぱり男だ」と侮辱したり、ノンバイナリーの人に「まだ精神が幼いんだね」といってアイデンティティを軽んじたり、ということが現実に起きている。**だからトランスジェンダーのジェンダーアイデンティティを尊重しましょう**というのは、まずはこうやってトランスジェンダーの存在を認めない社会のあり方を変え、当事者のアイデンティティをわざわざ侮辱したり軽視したりするのをやめましょう、ということを強く含意する。

　また、これも性的指向のときと同じだけど、すべての人のジェンダーアイデンティティを尊重するために、調査をして答えさせる必要なんてない。むしろ、「あなたのジェンダーアイデンティティは何ですか？」なんていきなり聞かれたら、トランスジェンダーの人たちはとりわけ恐怖するだろう。それこそ、駅のトイレの入り口で「あなたのジェンダーアイデンティティは男性ですか？　女性ですか？　女性ならばこっちのトイレを使えます！」といった詰問を受ける世界なんて、トランスの人たちが望んでいるはずがない。

　そして、これも先ほどの同僚からのカミングアウトと同じように、誰

かがトランスジェンダーであると知ったとき、その性自認「だけ」を尊重するというのはかなり奇妙なことだ。例えば、周囲から男性扱いされる機会が多く、ほとんど誰にもカミングアウトもしていない状況のトランス女性に対して、「あなたは性自認が女性だから会社の女性用トイレを使っていいよ」と会社の上役が独断で決めたとしても、本人はそのトイレを使わない（使えない）だろう。なぜなら、そんなことをすれば自分がトランスジェンダーだと広範囲に知られることになるし、本人がこれから会社でどうやって性別を移行していきたいのかという、本人の希望やニーズはまったく無視されているからだ。会社で名乗る名前や、会社で過ごすときの外見、周囲の人とのコミュニケーションのあり方など、性別移行にはいろいろな変化が伴う。そんななか、周囲の人間が急にトランスジェンダーのジェンダーアイデンティティ「だけ」を尊重しようとすると、余計なお世話であるばかりか、暴力的にもなりえてしまう。だいいち、男性用と女性用のトイレしかない現状では、ノンバイナリーの人の性自認「だけ」を尊重したところで、その人は使えるトイレがなくなってしまう（そしてその人に必要なのはおそらく、ノンバイナリー専用トイレなどではなく、性別を問わないトイレだろう）。

　だから、必要なのは相手のニーズを聞くことだ。あなたがトランスジェンダーの人からカミングアウトを受けて、これまで認識してきた相手の性別とは異なるアイデンティティをもっていることを知ったのなら、もしかしたらその相手は、あなたにいろいろと相談したいことがあるのかもしれない。呼び方を変えてほしいのかもしれない。心配なことがあるのかもしれない。そうした相手のニーズを聞く用意があるよ、ということを伝えるのが第一だ。

　過去に性別を移行したことがあるトランスジェンダーの人からカミングアウトを受けた場合も、同様だ。例えば趣味でつながった男友達が、生まれたときに女性を割り当てられていたトランス男性であると知ったとして、あなたがなすべきことは何だろうか。「本当は女なのかよ！」

などと侮辱するのは論外。でも、その友達をことさらに「男」扱いする
のも、間違っている。すでに性別移行を終えて、現在の性別で生活が安
定している人に対しては、その人を変わらずその人として大切にするこ
とが求められている。必要なのは、相手のアイデンティティをわざわざ
否定したり侮辱したりせず、人として尊重すること。そして、困ってい
ることがあるなら相談に乗る用意があるよ、と伝えることだ。

　そして最後に、一つ大切なことをいっておこう。トランスの人のジェ
ンダーアイデンティティを尊重するのは大切だし、ジェンダーアイデン
ティティが尊重される社会の実現は、トランスコミュニティにとっての
大切な目標だ。でも、それは**トランスの人たちがこの社会に求めている
変化を表現するにはあまりにも舌足らずだ**。トランスの人たちが求めて
いることは、意味のない文脈で性別が重視されないこと、社会にはびこ
る男女の決め付けや押し付けがなくなること、ルッキズムがなくなるこ
と、労働者の権利と安全が守られること、本人にとって望ましい医療が
きちんと誰にでも提供されること、個人のプライバシーが守られること、
書類の記載で差別をされないことなど、多岐にわたっている。**こうした
多様な社会変革の要求があることを、ぜひ忘れないでほしい**。同時に、
これらの社会変革は、トランスジェンダーの人たちだけが求めているこ
とでは決してない。すべての人にとって大切なことだ。

Q16 ▶ 性別分けスペース①トイレ

　ここからは、男女で分けられたスペースであるトイレと公衆浴場の利
用について、順に解説していく。本当はそれ以外にも、アパレルショッ
プや美容院、マッサージ店や性風俗店、脱毛・育毛にまつわるサービス
の利用などで、トランスの人たちは困難を感じることがあるのだけれど、
そういったスペースは「性別分けスペース」として多くの人には認識さ
れておらず、話題にのぼることも少ないみたいだから、今回はスルーす

るね。

Q16-1 トランスジェンダーの人はトイレに困っているの?

　なかなかいい質問だ。答えは、困っていない人もいれば、困っている人もいる。トランスジェンダーの状況は、多様だからだ。とくにトイレの利用に困難を覚えているのは、性別移行を経ておらず、自分のアイデンティティとは違った性別として扱われながら生きている人や、性別移行をしつつあるけれど、外見が移行先の性別に典型的な「性別らしい」外見ではない、と見なされている人たちだ。そして個人差はあるけれど、自認する性別が男・女いずれかではないノンバイナリーの人たちも、同様に困っていることがある。

　トランスジェンダーの女性を例にとろう。まず、その女性が性別移行を経ていない場合、周囲から男性として認識されている状態にあると考えられる。その状態では、公共の場の女性用トイレを使うという選択肢は浮上しない。また、「異性」であるはずの男性たちが排泄している横を通ったり、同じ空間を使うのは居心地が悪い、安全でないと感じて、男性用トイレを使えないと感じている人である可能性もある。こうして彼女は、男女別のトイレを使えなくなる。また、性別移行の途上だったり、安定的に「女性」として見なされない状況にある場合も、やはり使えるトイレの選択肢は激減する。いま挙げたような状況の人たちが、トイレに困っている人たち。それに対して、すでに女性として生きているトランスの女性については、(心身の特徴が現在のトイレの設計とマッチしている健常者なら)困りごとはとくに発生しない。女性として生きているから、女性用トイレを使うだけだ。

Q16-2 トランスジェンダーのせいでトイレが危険になりませんか?

　ザ・素朴な疑問、という感じだね。そしてこれは未来への不安に基づいている。じゃあ、さっきの4ステップを使おう。

●●の部分にいろいろなテーマを代入してみよう

①現在の社会で、●●はどんなあり方をしているだろう？

②現在の社会で、トランスの人たちは●●についてどんな困りごとを抱えているだろう？

③その困りごとを解決するには、どんな変化が社会には求められるだろう？

④その変化は、トランスジェンダーだけでなく社会のすべての人にとってどんな影響を与えるだろう？

　これから、●●の部分に「トイレ」を代入して考えていくけれど、ここではもっぱら、知り合いと出会う可能性がない公共のトイレに話を限定する。なぜなら、学校や職場など、そもそもトイレ以外の場所でも顔を合わせることがある他者と一緒に使うトイレに関しては、一般的な議論が不可能だからだ。それらの生活の「場」では、同級生と一緒に過ごしてきた過去や、学校の教育方針、入社して以来の扱われ方、名乗る名前など、多くの要素が複雑に「性別」（の認識）を形成していて、一概に議論ができるようなものではない。加えて、そうした「場」で、どの範囲の他者にカミングアウトをしているか、また周囲の人たちはどれくらい理解があるか、という状況も千差万別だ。だからここでは、知り合いと共有することがある学校や会社のトイレについては扱わず、知り合いと出会うことがない公共の場のトイレに話を限定する。

　このように話を限定すると、残念がる人もいるかもしれない。でも、よく考えてほしい。例えば、15人くらいの規模の会社で働くトランスの女性がいるとする。会社には女性社員のほうが多く、彼女もそうした同僚たちに溶け込んで女性として自然に働いている。彼女は女性として勤務するなかで、当たり前のように女性用のトイレを使うし、周囲もそ

のことについてなにも感じていない。他方で彼女は、病院にいくのが苦手だ。待合室で少し冷ややかな目線を向けられる。そういう場所にくると、彼女は自分の外見にコンプレックスを感じる。病院でトイレにいきたくなっても、多目的トイレには車いすの人が待機していて、そこに並ぶのは気が引ける。こうした状況にあるトランスの女性は、現実にいる。つまり、周囲の知人にはカミングアウトをし、女性として自然と受け入れられていて、そのなかではトイレの利用に「困っていない」人たち。もちろん、職場や学校のトイレに「困っている」トランスの人だってたくさんいる。いずれにせよ重要なのは、知人と共有することがあるトイレとそうでないトイレでは、トランスの人の困りごとに違いがあるということ。

　逆にいえば、こうした差異を無視して、「トランスジェンダーとトイレ」についての一般論を語ろうとするほうが、よっぽど乱暴だ。そのような一般論は、現実のトランスの人たちの状況をすべて無視してしまうし、さっきの彼女と一緒に働く同僚たちのような存在も、同時に不可視化してしまう傾向にある。トイレにも、いろいろある。生活の「場」にも、いろいろある。これからは周囲に知り合いがいない公共の場のトイレに話を限定するけれど、この前提も覚えておこう。

　さあ、具体的に4ステップに従って考えていくよ。まず、公共空間のトイレはいまどうなっているだろう。先ほど「キー」の話をしたときに書いたけれど、周囲に知り合いがいないような公共の場のトイレは多くが男女別で分けられていて、そこで利用者の性別を相互に判断する際の「キー」には、「性別らしい」外見が使われている。もちろんその「性別らしさ」は、シスジェンダーの男女を基準にしたものだ。ここまでが①。
　次に、この状況でトランスの人たちはどんな困りごとを抱えているだろう。これについてはQ16-1で答えたから②はもうすんだね。
　では③として、その困りごとを解決するには何が必要だろう。いまト

ランスの人たちの「トイレの困りごと」をなくすために最も必要なのは、何よりも性別を問わないトイレを少しでも増設することだ。「男性用」でも「女性用」でもないただの「トイレ」が、安全な環境でもっと多く使える環境が望ましい。現在のトイレ利用の「キー」になっている「性別らしさ」の基準（ジェンダー規範）が緩まることももちろん大事だけど、そういうソフト面での変化だけでなく、ハード面での改善も必要だ。性別を問わないトイレ、つまり「性別らしい外見」を要求されないトイレを増やせば、自分のアイデンティティとは異なる性別のトイレを使わなくてすむし、周囲からどんなふうに見えているのかを心配せずにトイレを使える人も増える。

　そうした性別不問のトイレの増設だけでなく、男性用トイレの個室を増やしたり、男性用トイレの個室にもゴミ箱を設置したり、ということも改善すべき点だ。生理があるトランス男性やノンバイナリーの人で、男性用トイレを使って生きている人はいるから、そうした人たちにとってはゴミ箱がないと非常に困る。これが、③トランスの人の困りごとを減らすために求められる社会の変化。

　では、それは④社会全体にとってどんな影響をもたらすだろう。いま現在、男女別のトイレは世の中に山ほどある。これからも、作られつづけるだろう。ただ、これまでなら男女別のトイレに吸収されていたかもしれない、あるいはトイレ以外の目的に使われていたかもしれない場所のいくつかが、これからは性別を問わないトイレになる。そのトイレは、性別を問わないから「誰でも」使える。もちろん、男女別トイレを使いたい人はこれまでどおり使えばいい。

　ときどき「トランスジェンダーの権利を認めると女性用トイレがなくなる」なんて、意味不明なことを言っている人がいるけれど、そんなことは誰も求めていない。それは、現実には起こりえない極論を使ってトランスジェンダーへの憎悪や敵意をあおる行為だ。

Q16-3 トランス女性は女性用トイレを使いたいの？

　この質問は、フェアな質問ではない。

　ちょっと聞きたいのだけれど、あなたはふだん**女性（男性）用トイレを使いたい**と思って生活しているの？　違うよね。あなたは排泄をしたいんだよね。つまりトイレを使う目的は排泄。それはトランスの人にとっても同じだ。なのに、トランスだけが「性別にこだわっている」わがままな人だ、という思い込みがあるから「女性用トイレを使いたいの？」などの誘導的な質問が出てきてしまう。

　もう一度整理しよう。現在の公共の場のトイレは、男女別になっていることが多い。そこで利用者が男女いずれかのトイレを使うのは、排泄をするためだ。そのとき、女性が女性用トイレを使って、男性が男性用トイレを使うのは、そっちしか使えるトイレがないからだ。あなたが女性として生きているなら、男性用トイレを使うというのは選択肢にはならない。逆もまたしかり。現状の設備が男女別で分かれている以上、こっちのトイレを使うのが合理的であり、事実上の選択肢は存在していない。あなたはそう考えるだろう。

　トランスの人たちも、同じだ。

　当たり前だけれど、トランスの人たちも排泄をする。だから、排泄という目的を果たすために、トイレを使うことがある。加えて、多くの公衆トイレが男女別に分かれている社会を生きているというのも、シスジェンダーの人たちの状況と同じだ。そして、その現実の設備の状況があるなかで、排泄という目的を果たすための最も合理的な手段を、トランスの人たちも選んでいる。これも同じ。少し違う点があるとすれば、周囲の人とトラブルになったときに、トランスの人たちは不利な状況に置かれやすいし、余計な侮辱や攻撃を受けるリスクも高いから、シスジェンダーの人たち以上に慎重に手段を選択する傾向にある、ということかな。

現状、男女別で分かれているトイレを使うためには、「キー」として「その性別らしい外見」が求められる傾向にある。ちなみにここでいう「外見」とは、服装や髪形だけでなく、歩き方とか身体や視線の動かし方、誰と一緒に行動しているかとか、そういうものも含んでいる。ここで、**トランスジェンダーの人たちの状況は多様**だという大原則に立ち返ろう。すでに紹介した図だけど、もう一度載せておく。

トランス女性の多様性（例）

・身体治療をほぼ終えて戸籍も変えた人。実態としてはシス女性と同じ。彼女がトランスであることを知っている人は誰もいない。
・ホルモン治療をして、睾丸と陰嚢を切除し、社会的には女性に埋もれて生きているが戸籍だけ「男性」の人。身分証だけがおかしい状態。
・会社では女性としてカミングアウトして、女性たちの輪に溶け込んでいるけれど、出勤の電車内では「男性？」と見られてしまうことが多い人。
・周囲からはずっと男性扱いされていて、性的マイノリティのコミュニティにいるときだけは、女性として尊重され、認識されている人。
・男性を好きになるのだから自分はゲイ（男性同性愛者）なの？と考え、ゲイコミュニティにいたけれど、だんだん自分は「女性として」男性に引かれているのだと自覚して、最近ホルモン投与を始めたばかりの人。

同じトランスジェンダー女性という集団一つをとっても、戸籍に登録された性別や、ふだん生活している性別、それに関連してどのような外見であるかというのも、一人ひとり全然違う。どこへ行っても女性としてしか見なされず、女性として生きている人もいれば、そうではない状況の人もたくさんいる。だから、トランスジェンダーの女性たちがどんなふうにトイレを使いながら生きているのかを理解するためには、いくつか場合分けをする必要がある。

まずは、すでに女性として周囲から視認されたり、女性として生活し

たりしている状況の人たち。こういう人たちは、当たり前だけれど女性用トイレを使いながら生きている。彼女たちは、ある意味では合理的に「選択」している。でも、彼女たちには、どのトイレを使うかの「選択肢」はない。ふだん日常的に女性として生きている人が、トイレだけ男性用トイレを使おうとしたら、それこそトラブルになる。シスジェンダーの女性に、女性用トイレを使用する以外の「選択肢」が存在しないように、女性として生きているトランスの女性にも「選択肢」はない。

　他方で、トイレを安全に安心して使うための「キー」になってしまっている「女性らしい外見」の基準を満たさない／満たせないとされるようなトランスの女性には、今度は女性用トイレを使用するという選択肢がない。なぜなら、生きていくうえでとても大切な排泄という目的を果たそうと思ったら、周囲とのトラブルはなるべく避けようとするからだ。だから、彼女たちは「合理的な選択」として、男性用のトイレを仕方なく使うか、多目的トイレ（性別を問わないトイレ）を探すことになる。とはいえ、やっぱりそれも「選択」とはいえない。だって、ほかの選択肢がないのだから。ちなみに、そうした状況にあるトランスジェンダーの人たちは、そもそも外出先でトイレにいかない人も多い。水分を摂るのを我慢して、トイレにいかないように努力しているんだ。

　ちなみに、そういう状況のトランスの女性は、会社や学校の同僚など、自分を「男性」として認識している人と行動をともにしているときは、多目的トイレさえ使えなくなる。というのも、多目的トイレを使うだけで、何か理由があるのかな？と勘繰られてしまうかもしれないし、それはトランスの人たちにとって脅威だからだ。だからこうした「連れション」的な状況で、彼女には男性用のトイレを使用する以外の選択肢がなくなることがある。

　ここで、「トランス女性は女性用トイレを使いたいの？」という疑問に戻ろう。そりゃあ、異性である男性と一緒に男性用トイレの利用を強いられるよりは、日常的に女性として生活できるようになって、何不自

由なく女性用トイレが利用できたほうがいい、というトランス女性は多いに決まっている。でもそれは、トイレに限らず、生活のあらゆる領域で女性として生きていきたい、という意味だ。それとは違って、男性として扱われたり認識されたりすることが多いにもかかわらず、トイレだけ「女性用トイレ」を利用したいですか？と聞かれれば、そんな問いにイエスと答える人はいないだろう。そうした状況のトランス女性が望んでいることは、**女性用トイレを使うことそれ自体**ではなく、女性として自然に生きられること、そして、**外出先で不自由なくトイレを使えるようになること**だからだ。もちろん、その願いがかなったときには、彼女は女性用のトイレを使うことになるだろうけれど、それは彼女が「女性用のトイレを使いたい」という希望をもっていることを意味しない。

　だから、「トランス女性は女性用トイレを使いたいの？」という疑問は、全然フェアじゃない。そこで「女性用トイレを使いたいです」と応じれば、「ほら、トランスってわがままだ」と迷惑がられるし、「女性用のトイレを使いたくないです」と答えれば、「じゃあ一生男性用のトイレを使えばいいじゃん」と返されてしまう。「ほら、お前は男だ」といわんばかりにね。ひっかけ問題みたいで、卑怯きわまりない疑問だといえるだろう。

Q16-4 トランスジェンダー女性には女性用トイレを使ってほしくないのですが……

　この質問は、すでに現実に女性として生き、すべての人と同じような合理的な選択の結果として、女性用のトイレを使用しながら生きているトランスジェンダーの女性を女性用トイレから排除しようとする主張を含んでしまっている。なんて差別的な言説なんだろう。

　性別をすでに移行して、女性として生きている人はたくさんいる。そうしたトランスの女性と、シスの女性の違いは、場合によっては出身地の違いくらいの些細なものにすぎなくなることがある。どこから来て、

いまここにいるのか、その来歴が違っているということ。もちろん、トランスジェンダーとしての人生に誇りを感じている人もいるけれど、出先のトイレを使うような場面では、お互いの人生を知る由もない。出身地の違いなんて、公共のトイレで誰も気にしないようにね。

　問われるべきはむしろ次のようなことだ。すでに女性として生き、女性用トイレを日常的に使っているトランスジェンダーの女性を、その人がトランスジェンダーであるというそれだけの理由に基づいてトイレから排除することには、はたして正当性はあるのか。

　はっきりいっておく。そんな排除にはなんの正当性もない。**特定の過去をもって生きている人間だけ狙い撃ちして、特定の空間から排除するということは、不合理な差別だ。**

　ただ、残念ながらそういう排除が起きてしまうことがある。記憶している人も多いかもしれないが、2023年7月に最高裁判所で一つの判決が下った。経済産業省に勤務しているトランス女性が国を訴えた裁判で、原告が勝利した。原告の女性は、性別を移行してから長い時間がたち、すでに女性として生活・勤務し、女性用トイレも使用しながら生きていたにもかかわらず、一部のフロアについてだけ、トイレの使用を制限された。すでにほかのエリアでは女性用トイレを利用する機会があっただろうに、何をいまさら制限するんだ、という感じだ。ともあれ国は、彼女がトランスジェンダーであるというただそれだけの理由で、すでに女性として生きている彼女を特定のフロアのトイレから排除した。最高裁の判決は、全員一致でそのような使用制限には合理性がなく、違法であるというものだった。ある人がトランスジェンダーであるというそれだけの理由で、その女性が使用するトイレに制限を加えることは典型的な差別行為だということ。

　誤解してはならないことがある。この判決は、ジェンダーアイデンティティが女性である人ならば誰であれ女性トイレを使わせないと差別になる、と判断したものではない。原告に女性としての生活実態があるこ

とや、長い時間その勤務先で女性として働いていたことなど、原告の女性の状況を加味したうえで、「排除を許さない」としたものだ。この**排除を許さない**というメッセージは「既存の空間に包摂しなければ差別だ」という主張とは違う。

　トイレ話に関連してもう一つ。繰り返すけれども、トランスの人の生活実態は人によってさまざまだ。だから、もうすでに何不自由なく自分の性別でトイレを使っている人も多い。そういう性別移行後のトランスの人に対して、**多目的トイレがありますよ**と伝えるのは、たとえ親切のつもりで言ったのだとしても、ずいぶん失礼な話になってしまう。言われたほうは、「え？　普通に男性／女性用トイレを使っているけれど、ここでは利用しないでほしいってこと？」と受け止めるだろう。こうした「親切」は、逆に、ふだん使っているトイレから排除しようとしているように聞こえるかもしれない。トランスの人のなかには、何不自由なく男女別のトイレを使っている人もいて、そういう人は何も困っていないんだ。困っていない人に対して、その人がトランスジェンダーだからと、わざわざ多目的トイレの話題を持ち出す必要はないんだよ。

Q16-5 性別適合手術を受けていないトランス女性が女性用トイレにいたらいやなのですが……

　これもおかしな話だ。先ほどは**トランスジェンダーであるという理由だけで特定の場所から排除するのは差別**だと説明したけれど、本質的にはそれと変わらない。だってこの主張は、すでに現実に女性として生き、合理的な選択の結果として女性用トイレを使用しながら生きている女性のうち、特定の身体の形状をもっている女性についてだけ、その身体の形状を理由に、公共の場のトイレから排除しようとしているんだよね？

　そもそもトイレは排泄をするための場所だし、外性器や排尿器官が他者の目にふれることはない。だから、それらの身体部位がどのような形状・外見であるかということは、互いに知りようがない。何度も書いて

いるように、性別で分かれている公共の場のトイレを使うにあたって、何に基づいて性別が判断されているのか（＝何が「キー」なのか）といえば、それはぱっと見の外見だ。そしてその外見には、外性器や排尿器官の形は含まれない。

　だから「性別適合手術を経ていないトランス女性は女性用トイレを使うべきでない」というこの主張は、「現在のトイレ使用の慣行を変えるべきだ」という積極的な主張を含んでいる。要するに、トイレという性別分けスペースで、他者の性別を判断するための「キー」として、新しく外性器や排尿器官を使うべきだ、といっているに等しい。

　ただ、そんなことをするためには、トランスジェンダーだけでなく、すべての女性の下着の中身をトイレの入り口で確認する必要がある。そして、申し訳ないけれど、そんな気持ちの悪い世界は誰も望んでいない。まさしくディストピアだろう。

Q16-6 性別適合手術をしていない人が女性用トイレを使うのは性犯罪のリスクにつながるんじゃないの？

　なるほど、そういう理由で性別適合手術にこだわる人もいるようだ。「防犯」という観点を持ち出すと反論が難しいと感じる人も多いだろうから、こういう言い方は意外と広まっているのかもね。

　こういう「防犯」を盾にした主張は、2つに分類できる。1つ目は、性別適合手術を経ていないトランス女性は、トイレで性犯罪をする可能性があるからだめ、というもの。トランスジェンダーに限らず、マイノリティ集団は犯罪加害者としてイメージされがちだけど、そういう差別的な偏見そのものだね。性別適合手術をすませた人には「排泄」という正当な目的があるにちがいないけれど、性別適合手術を受けていない人は「性犯罪」という目的があるはず、という線引きにはなんの根拠もないだろうし、論外だ。

　2つ目は、性別適合手術を経ていないトランス女性のトイレ利用を認

めると、トランス女性を偽る男性がトイレに入り放題になってしまって、結果として性犯罪が増えるというもの。

　これは、現実を無視したおかしな主張になっている。だって、現在の慣行では（少なくとも女性用の）公共のトイレで他者の外性器や排尿器官を目にする機会は存在しないのだから、外性器や排尿器官の形状をトイレの利用基準にすれば犯罪が防げるというのは意味がわからない主張だ。要するに、「防犯のため」という（一応の）建前さえまったく達成できていない。それに、そもそも（犯罪という）不当な利益のために「トランス女性のふりをする」人がいる、という筋書きにも無理がありすぎる。トイレで「トランス女性かな」と思われている時点で、ある意味ではもう目立ってしまっているのだから、そうやって周りの注目を集めてしまった時点で、犯罪の遂行には不利だと思うよ。それをいうなら、せめて「女性のふりをする」じゃないかな。いずれにしろ、性別適合手術とは関係ない話だ。

Q16-7 トランス男性は男性用トイレを使うのが怖くないの？

　結論からいうと、トランス男性のなかには男性用トイレの利用をためらう人もいれば、なんの問題もなく毎日使っているという人もいる。第2部で述べたように、性別移行の度合いはさまざまで、だからどんなふうにトイレを利用しているかという現実も、人によって、場所によって異なるんだ。

　基本的にトイレの利用は、トイレ以外の多くの場面で「どの性別で扱われているか」に依拠している。ふだん女性扱いされている自覚がある人が、トイレを利用するときだけ男性用トイレに入ろう、とはならないでしょ？　排泄という目的のために、逐一怪しまれるリスクを侵したくはないよ。

　具体的な話に入ろう。常日頃から男性としてしか扱われていないトランス男性が男性用トイレを使うのは合理的な結果であり、とくに問題に

なることはないと思う。男性用トイレに個室の数が少ないのは不便だし、エピテーゼ（医療用具として身体に取り付ける人工物。トランス男性でエピテーゼといえばペニスのことを指す）をつけて立ちションするのは大変だし、いろいろと困りごとはあるけれど、それをもって「男性用トイレを使うのが怖い」という事態にはなりづらい。まあシス男性がスムーズに立ちションですませている横で、そうではないトランス男性がトランスだとバレてしまうんじゃないかと不安を覚えることは十分ありうるけれど、それはべつに「女性」として生まれ育った人がシス男性ばかりの空間を利用するから「女性」の立場で不安を感じる、という事態とはまったく別の話。どちらかというと、「身体的に（排尿できるペニスを備えていない）あるいは社会的に（施設に個室が少ない）、排泄に困難を抱えている男性」という立場から、解決策を考えていくべき状況だ。そうすると身体的あるいは社会的な障害を抱えている男性がいた場合にどうすべきか、という問題なのであって、もはや女性の視点からどうかを問うているのではない。

　一方で、常日頃から女性としてばかり扱われているトランス男性の場合はどうか。この場合、トイレだけ「男性用」を使う、という選択肢は存在しない。職場や学校など限られた空間で周囲にカミングアウトをして、「この人は男性なんだな」と理解されている場合は、もしかしたら男性用トイレの利用が可能になる場合もあるかもしれない。とはいえ、周囲の人の理解が得られない場所（公共空間）では、「女性として」認識されているまま男性用トイレを利用することは合理的な選択にならない。そのトランス男性にとっては、男性用トイレの利用が怖いとか怖くないとか以前の問題ってこと。もしそういう状況のトランス男性が男性用トイレに入れば、周囲の人から「入るトイレを間違えてしまった人がいる！」と驚かれるか、逆に、あとから入ってきた男性利用者のほうが「自分は間違えて女性用トイレに入ってしまったのか！」と驚くことになるだろうね。

もしかしたら、「トランス男性は男性用トイレを使うのが怖くないのかな？」という疑問であなたが気にしているのは、ある程度性別移行を経てきて、男性として存在できる場所は増えたけれど、でもすべての領域で男性扱いされているわけではない、そういう状態のトランス男性のことなのかな。まあ、そういう想定だと（なかば好意的に）仮定しよう。そりゃあ、性別移行をしている真っ最中に、これまで利用していなかった「逆側」の性別分けスペースに初めて入るのは、緊張する人が多い。シスの人が生まれてこのかた「あなたはあっち側のトイレを使うんだよ」と指示されてきたとおりに継続利用してきたのに対して、トランスの人はたいてい自己判断・自己責任で、「あのトイレで問題ないよな？」と一歩踏み出さなければならないのだから。おまけに、男性用トイレの個室は数が少ないから、待ち時間にほかの男性から見られるのは何となく居心地が悪いと感じて、並ぶくらいなら排泄を我慢するというトランス男性もいる。

　あまり笑えない話なんだけど、トランス男性の場合には「自分はまだ男性用トイレを使うべきではないだろう」と判断してこれまでどおり女性用トイレを使い続けていたら、「男のくせになんで女性用トイレにいるの！」と驚かれてしまって、それから男性用トイレを使いだす人もちらほらいる。だから「男性用トイレを使いたい」というよりは、「女性用トイレを使えなくなった」から利用するトイレを変更せざるをえなかったというケースもあるわけ。

　さて、しかしながら上の質問だと、そういうトランスジェンダーの性別移行に伴うプレッシャーについて気にかけているわけでもなさそうだ。ここでは質問の意図を問題視したい。もしかしてこの質問をする人は、「トランス男性って、結局は女性なんだよな」と納得したいんじゃない？　あるいは、「ほら、男女の境界を越えられるわけがない」とか、「女に生まれついた者はやっぱり不利なんだ」とか。そういう結論に利用するためにトランス男性を動員しているんじゃないだろうか。だとし

たら、とても卑怯だ。そういう思考回路になるとき、トランス男性を「（シスの）女性」と同一視して、次のような連想をしている。──シス女性はシス男性に性的に見られやすいし、暴力の被害に遭うケースが多い→だから「（シスの）女性」同然のトランス男性も危険であるにちがいない→トランス男性は男性用トイレを利用したくないはずだ、と。この発想は、あまりにもシス中心的だ。実際にはトランス男性の個々の状況を心配しているわけではなく、トランス男性をずっと女性の領域にとどめておきたいのではないかと、質問の意図が疑わしくなる。

Q17▶性別分けスペース②公衆浴場

トイレと並んで、トランスジェンダーに関連してすぐ話題に出されるのが、公衆浴場だ。トランスジェンダーの人たちにとって語るべき話題は山ほどあるのに、すぐにトイレとお風呂の話にされてしまう。トランスの人たちにとってはたまらなく退屈だろうけれど、こういう疑問をもつ人は多いから、説明しておこう。

Q17-1 トランスジェンダーの人は、公衆浴場もジェンダーアイデンティティに沿って利用したいの？

こう疑問に思っている人は多いのかもしれないね。そしてこれは、「未来への恐れ」につながっている。さしずめ、ジェンダーアイデンティティが女であると言いさえすれば、誰もが女性用のお風呂に入れるようになるのは怖い、というところだろう。

そうだとしたら、いつも使っている4ステップを使おう。

未来について考えるための４ステップ

●●の部分にいろいろなテーマを代入してみよう

①現在の社会で、●●はどんなあり方をしているだろう？

②現在の社会で、トランスの人たちは●●についてどんな困りごとを抱えて
いるだろう？

③その困りごとを解決するには、どんな変化が社会には求められるだろう？

④その変化は、トランスジェンダーだけでなく社会のすべての人にとってど
んな影響を与えるだろう？

　まず、公衆浴場という場所は、いまどのように利用されているだろう。
そもそも、人が公衆浴場を使うのは、清潔さを保つためだ。ときに、
「疲れを癒やすため」などの目的もここに加わる。さて、公衆浴場の特
徴といえば、なんといっても利用者が一切の服を身に着けていないこと。
シス・トランスを問わず、本当は自分の身体を見られたくない人も多い
だろうから、（乳がんサバイバー向けにすでに着用が認められつつある）湯あ
み着を着ての入浴や、簡易な水着のようなものを着ての入浴も選択肢と
してあるといいけれど、日本ではタオルをお湯に浸すのさえ禁止される
くらいだから、そうした着用が広く認められるようになるのはかなり先
になりそうだ。

　そうして全裸で入浴するものだから、男女それぞれの浴場を使う際に
は、とくに性別分けが厳格になされている。幼い子どもであれば、性別
が違う親と一緒に利用せざるをえないけれど、おおむね7歳以降は、違
う性別の浴場を子どもが利用しないようにというのが厚労省の立場らし
い。とはいえ年齢を除けば、話は単純だ。男性は男性用の浴場を使い、
女性は女性用の浴場を使う。それだけだ。ちなみに日本では「入れ墨の
ある人お断り」みたいなルールもまかり通っているし、身体に障害があ

るなどして一人で安全に公衆浴場を利用できない人が多くいることも忘れてはならない。そうして構造的に排除されている人たちが少しでも排除されずにすむよう、国にはいろいろなサポートを充実させてほしいものだ。

　これで、公衆浴場の利用についての現状把握は終わり。現に男女別で分かれている設備の状況があるなかで、人は清潔を保つためめという目的をもって、合理的な選択として、男女どちらかの浴場を利用する。男性として生きている人は男性用、女性なら女性用、ということだ。トイレのときと同じで、ここには「選択」は存在しない。これで、4ステップのうち第1ステップは終わり。次は、トランスの人たちの状況へと話を移そう。

Q17-2 トランスジェンダーの人たちも公衆浴場を利用するの？

　まず、当たり前だけれど、トランスジェンダーの人たちも、清潔でいたいとか、疲れを癒やしたり湯を楽しんだりしたい、という希望をもちうる。公衆浴場を利用する目的をもつことがあるんだね。でも、現在の公衆浴場の設計や運用では、残念ながらその目的を果たすことは難しくなることが多い。ほかの人たちに裸体をさらしながら利用することになっているからだ。そこで、トランスの人たちの状況は多様だという前提を踏まえながら、いくつかに場合分けして考えてみよう。

　まず、トランスジェンダーのなかには、まだ社会的にも身体的にも性別移行をしていない人がいる。この人がトランス女性だとすると、身体の特徴としては男性にありがちな外性器や筋肉のつき方であるのに対して、ジェンダーアイデンティティは女性なわけだから、男性用の浴場は利用できない・利用したくないと考えるケースが多いと考えられる。異性であるはずの人（それも赤の他人）に裸体を見られたくないという感覚は、ほとんどの人に理解してもらえると思う。そしてこの場合、女性用のお風呂を利用するという選択肢も存在しない。社会生活を男性として

送っている以上、浴場の入り口で止められるし、更衣室に入った時点で
トラブルが起きるのは確実なわけだから、本人もそんなこと願うべくも
ない。

　ほかにも、社会的には完全に性別を移行しているけれど、身体の特徴
がシスジェンダーの人たちとは少し違っているという人も、トランスの
人にはいる。そうした場合も、公衆浴場の利用は困難になる。やはりト
ランス女性を例にとると、たとえ社会生活上は女性として生きていると
しても、脱衣したときの身体の特徴が局所的に男性的だと判断される状
態で女性用のお風呂を利用するというのは現実には難しい。お風呂を利
用するのは、清潔でいたい、疲れを癒やしたいという目的があるからな
のに、身体の形状のことで人から指さされたりトラブルになったりして
しまったら、そうした目的を達成することができなくなってしまうから
ね。もちろん、男性用のお風呂を使うこともできない。現に女性として
生きているのだから、入り口で止められたり、更衣室から追い出された
りしてそれで終わりだろう。本人としても、そんなチャレンジをする動
機やメリットは一切ない。

　トランスの人にとっての公衆浴場は、いってしまえば「パスの最奥
地」だ。「生活上の性別」が、本来扱われるべきジェンダーアイデンティ
ティに沿った性別の側で安定して、なおかつ、何らかの医学的措置を
受けて「身体の性的特徴」が変わって、裸になってもその性別として自
然に認識されるところまでたどりついてようやく、公衆浴場を利用する
かどうかという選択肢が浮上する。公衆浴場は脱衣がメインの空間だか
ら、着衣状態でかまわないトイレ以上に「その空間にいてもいい性別と
してパスできていること」が求められる。だから、現実にはごく一部の
トランスの人しか、自分のジェンダーアイデンティティと生活実態の両
方に沿った公衆浴場を利用できていないんだよ。社会生活上も性別移行
が終わり、胸をとったり性器をとったり、ホルモン投与をしたり毛を整
えたりしてはじめて、やっとそうした「選択」が開かれるという人がほ

とんどだ。もちろん、一度公衆浴場を利用できるくらいの状況に置かれれば、トランスの人がそこにいても、目立つことなくスルーされるようになるんだけどね。男性の身体や女性の身体も、実際にはすごく幅が広いから当然のことなのだけれど、とはいえトランスジェンダーにとっては、そうした「幅」に収まるまでのハードルが高い。

Q17-3 トランスジェンダーの人は公衆浴場を利用したくないの?

　利用したい人からすれば、当然利用したい。だから、変わるべきことはたくさんある。

　先ほどもみたように、現状ではトランスの人たちは圧倒的に公衆浴場という空間から排除されている。それは清潔や娯楽などの目的から遠ざけられる結果にもつながっているし、お風呂からの排除が理由で、ほかのことまで断念しなければならないこともある。想像してほしい。修学旅行でクラスメートの前で裸になることがどうしても受け入れられず、修学旅行そのものに参加しないトランスの子どもがいる。これは「教育からの排除」につながる。また、避難所での浴場の利用に不安があるため、災害時の避難が必要な状況でも避難ができない可能性だってある。災害時はほかにも、いまの自分の状況だと性別を怪しまれて他人にジロジロ見られるのではないかとか、継続的なホルモン投与ができなくなって避難先で体調を崩すのではとか、ただでさえいろんな心配がある。避難すれば安全、というわけでもないんだ。これらは、まさしく命に関わる問題だ。

　日常生活では、多くのトランスの人々はもっぱら公衆浴場に「入らない」という選択をしながら生きている。清潔を保つという目的であれば、一応は自宅の浴室でそのニーズを満たすことができる。観光地の温泉宿を利用する場合もあるかもしれないけれど、その場合には追加の費用を払うことで「個室風呂」や「家族風呂」のような空間を利用することも多い。なかには、旅館やホテルのスタッフに個別に交渉することで、時

間帯を区切って大浴場に貸し切りの時間帯を作ってもらうなどの合理的配慮を受けるケースもある。ほかの人たちはこんな手続きをしなくても広い公衆浴場を使えていて、うらやましいと思っているトランスの人はいるだろう。いずれにせよ、いまの社会の公衆浴場の設計・運用がトランスの人たちを構造的に排除していること、そして、それが教育からの排除や災害時の困難（命の危険）ともつながっていることを覚えておいてほしい。トランスの人たちだって、公衆浴場を使いたい。それは、公衆浴場からの排除がこういった大きな問題ともつながっているからなんだ。

　これで、考えるべき順序の第2ステップは終わり。トランスの人たちのなかには、現状の公衆浴場で困りごとを経験している人が確かにいるんだね。

　じゃあ、ここからは第3ステップだ。そうした困りごとを解決するには、どんな変化が必要だろう。変えられることは、たくさんある。まず真っ先に、教育現場と避難所での困難の解消。前者については、全員と同じ空間への入浴を前提としない方法で、修学旅行に参加できる工夫をすればいい。利用可能なら部屋のお風呂を使えばいいだけの話だ。後者についても、時間帯を分けるなどの工夫で、排除をなくすことができる。清潔を保つという目的は、健康や尊厳に関わる重要なニーズだから、避難所を運営したり準備したりする人たちには、トランスの人たちがこういう工夫を求めていることを知っておいてほしい。

　そして、こういった工夫をおこなうためには、まずはトランスジェンダーの人が身近に生活している（はずである）という前提に立つことが大事だ。実際には、トランスの児童・生徒あるいは避難者が、自分のニーズを積極的に他者に伝えることは難しくなることが多い。ひどい対応をされたりすることを恐れるからね。だからこそ、教育者や自治体の担当者には、そうした前提やニーズをあらかじめ踏まえて備えることが求められる。

その一方で、疲れを癒やしたり湯を楽しんだりするという目的については、ニーズそのものの優先順位がそれほどは高くない。でも、利用客から個別相談を受けた旅館・ホテルの側が、合理的配慮の提供に応じられる環境を作って、トランスの人たちからの申し出を断らないでいられるようにするのは大事なことだ。それはきっと、トランスの人たちが温泉を楽しんだり、疲れを癒やしたりすることができるようになる、大切な一歩になるだろう。これで、第3ステップまで終わったね。

Q17-4 トランスの権利を認めると、どうみても男性にしか見えない人でもトランスジェンダーだという理由で女性用の公衆浴場に入れなければならなくなるんじゃない？

おっと、せっかく第3ステップまで進んできたのに、急に乱暴な質問がきたね。とはいえ、SNS上などでこういう差別発言を見聞きしたことがある人は多いのかもしれない。いや、ぎょっとすることにSNS以外の場所でもそうかもしれない。例えば「トランスジェンダーの社会参画が進むと、トランスの女性がペニスを有したまま女湯に入ることが許されるようになる」とか、「〈女性だ〉と言い張れば男性でも女湯に入れなければ差別になる世界がくる」という言説だ（……とはいえ「トランスジェンダーの権利」と聞いてすぐ「女湯」を連想するのは謎なんだけど）。

これらの言説は、トランスジェンダーという集団が「性自認に従って扱ってくれないとだめだ」として**性自認至上主義／トランスジェンダリズム**を主張している、という（誤った）前提に立っているんだろう。そして、それに批判や反論を向けるという体裁をとっている。ちょっと、落ち着いてほしい。こうした言説が、どれだけトランスジェンダーの人たちの現実を無視していて、またそれ自体で排除や差別を後押しするものなのか。

先ほど説明したとおり、公衆浴場を利用する目的は、清潔を保ったり、疲れを癒やしたりすることにある。周囲の利用客から望まない視線を集

めたり、施設とトラブルを起こしたりすることは、そうした目的と衝突する。誰もそんなことは望んでいない。それなのに、社会に大混乱をもたらす過剰な要求をしている人たち、というイメージだけが膨張する。それは、トランスの人たちが置かれている現実を無視しながら、その合理性を著しく軽んじる行為だ。差別のせいでトランスの人たちが自分たちの状況やニーズを世の中に訴えることができないのをいいことに、そうした差別をますます悪化させてやろうとしているのだろう。

　現実には、トランスの人たちは公衆浴場から徹底的に排除されている。この排除（とりわけ教育現場と避難所でのそれ）をなくすにはどのような工夫や啓発が必要か？　という問いこそが、本来問われるべき問いだよね。それなのに、こうした現実を無視して「トランスの人たちは現時点でまったく公衆浴場の利用に困っていないどころか、むしろ本来は入れないはずの異性の公衆浴場にも入れる世界を求めている。そんな要求を認めたら安全が損なわれるから、トランスの人たちにこれ以上の（過剰な）権利を認めるべきでない」なんて言う人がいる。トランスの人たちに対する排除を存置し、むしろ憎悪を扇動する行為だ。

　実は20年前にも、似たようなことが起きている。2000年代初頭に起きたバックラッシュでは、保守派の論客や宗教右派が**男女平等やジェンダーフリーを認めてしまったら**、**男女で同室着替えをさせられるぞ**などとあおって、性教育や男女共同参画の取り組みを軒並みじゃました。20年代になったいまでは攻撃対象がトランスジェンダーに移っているけれど、同様のロジックで**トランスの権利や存在を認めてしまったら、女湯に男が入ってくるぞ**と言っているわけだね。

　さて、あらためて4つのステップに戻ろう。第3ステップでわかったように、いま公衆浴場で困りごとを経験しているトランスの人たちの状況を改善するために必要なのは、空間と時間のアレンジだ。ほかの利用者と共用しないで済む環境を作る、というのが最大の解決策になる。それは「性自認至上主義／トランスジェンダリズム」とはまったく関係が

ない。質問に書かれているようなことにはならないよ。これから先、公衆浴場に絡めてこういう「不安」を口にしている人がいたら、きちんと誤解を解いてあげられるようになろう。

Q17-5 トランスジェンダーの女性は全員、公衆浴場の女湯を利用すべきでないのでは?

　極端なヘイト言説になると、こんな問いも見かける。この主張は、すでに現実に女性として生き、すべての人と同様の合理的選択の結果として女湯を利用しているトランスジェンダーの女性を、ただトランスジェンダーであることだけを理由に女湯から排除すべき、というものだ。わかりやすい差別言説だね。

　公衆浴場からの構造的排除を緩和するために、トランスコミュニティが求めている変化は、時間や空間のアレンジなどの合理的配慮だ。とはいえ、現状の設備・運用に適合的な仕方で生活しているトランスジェンダーもすでに多くいる。つまり、問題なく利用できている人たち。そういう人たちは、要するに「困っていない」。かつてはトランスジェンダーであるために困っていたけれど、いまはそんなに困っていないという人もいるってこと。公衆浴場に関しては、身体的な特徴で注目を浴びなくてすむ程度に性別移行がすんだ人になるね。性別適合手術や乳腺摘出・乳房切除、またホルモン治療を経た人なら、問題なく性別移行後の浴場を利用できるケースも珍しくない(逆に、治療をしたとしても周囲の視線が気になって公衆浴場に相変わらずアクセスできない人もいる)。そんなの知らなかった、という人もいるかもしれないけれど、そうして知らずにいたということこそが、問題なく使えているトランスの人たちがずっといた証拠だ。

「トランスジェンダーの女性は、その全員が、公衆浴場の女湯を利用すべきでない」というこの主張は、そうやって既存の空間に適合して生活している人々を、ただその人がトランスジェンダーだったというだけの

理由で排除すべきというものだ。そんな不合理な訴えに、耳を貸す必要なんてない。

　それと、少し耳の痛い話をするけれど、トランスジェンダーにさしたる興味があるわけでもないのに、「はやっている話題だからとりあえず加担しておこう」という態度はとても迷惑だ。もっといえば、はしたない。トランスに対する印象はメディアによって容易に操作されてきた。2000年前後は「かわいそうな障害者」として、15年前後は「LGBT（のなかのおまけ）」として、20年前後からは「性犯罪を招く危険な存在」として。1990年代や2000年代には、少数のニューハーフタレントが注目される、という風潮もあったね。そうして偏った注目を浴びるたびに、トランスの人たちは自分たちに押し付けられるイメージを払拭するために苦労を強いられてきた。

　近年、トランスの人たちの身体のあり方や生活のあり方が過剰に注目を浴びているけれど、興味がないのに興味があるふりをして、現実を知りもしないのに「いっちょかみ」するのは最低だ。もし、トランスジェンダーの人たちの生活上の困難の解決に本当に関心があるのなら、ちゃんと現実をみたうえで、責任をもって考えてほしい。そして、まじめに問うてほしい。**トランスの人たちの困りごとをなくすという目標が、本当に公衆浴場に混乱を招くと思っているの？**

　生活への注目だけではない。トランスの人たちの身体に対しても、最近は下劣な興味・関心が注がれるようになっている。トランスの人がホルモン投与によってどんなふうに身体を変えていくのかとか、トランスの男性やAFABのノンバイナリーが、胸にバインダー（ナベシャツ、さらし）をつけてどんなふうに形を変えているのかとか、トランスの女性のなかにはあえて小さい靴を履いて身長や足のサイズが大きくならないように耐えている人がいるとか、そんなリアルを知らずに生きてこれたなら、べつに一生知らないままでいい。ただ、「トランスの身体に興味があるふり」をして、一方的にモノ化し、下卑た視線を向けるのはやめる

べきだ。

Q18▶性別で分かれることがある活動——スポーツ

　トランスジェンダーという存在をめぐっては、性別分けスペースの話と並んでスポーツが話題にされがちだ。テレビで放送しているようなオリンピックやプロスポーツは、競技を男女で分けていることが多いから、どうやらトランスジェンダーがスポーツの場面を「荒らす」のではないかと疑われているみたいだ。

Q18-1 トランスジェンダーの女性が女子スポーツに参加するのは
　　　　　ズルくないですか？

　スポーツとトランスジェンダーに関する「疑問」は、だいたいこんな感じ。とはいえ、この「疑問」についてちゃんと考えたいなら、トイレやお風呂のときと同じように、現実がどうなっているかを順番に考える必要がある。

　トイレやお風呂の話では、それを使う「目的」から考え始めたのだった。では、スポーツをする目的は何だろう。相手に勝つためだろうか。いや、ちょっと待ってほしい。スポーツには、確かに勝ち負けがつくことがある。でも、それはスポーツの目的が「勝利」であることを必ずしも意味しない。旅館でみんなでやるUNOに勝ち負けがあるとしても、みんなでUNOをするのは「友達に勝利するため」ではないよね。みんなでUNOをするのは、それが楽しいからだ。つまり、娯楽が目的。

　そうやって考えてみると、スポーツにもいろいろな目的があることに気づく。例えば、休日に草野球をしている人がいる。その人が草野球をする目的は、休みの日に身体を動かすという**運動**がメインかもしれない。あるいは、純粋に野球をするのが楽しいってこともあるだろう。これは**娯楽**だ。スポーツジムで走ったり筋トレしたりするのも、いってみれば

スポーツだ。こういうスポーツの主な目的は、**健康**や**ボディーメイク**だろう。ほかにも、地域の市民プールで週に何回か泳ぐことを習慣にしている人。この人の目的は、地元の知り合いとの**交流**かもしれない。実際、そうやって市民プールで世間話をしながら、水中ウオークをしたりしている人は多い。そしてスポーツといえば、きっと多くの人が、学校の体育の授業でスポーツにふれた経験があるだろう。身体の使い方を学んだり、ルールのなかで作戦を立てる経験を積んだり、仲間と協力して勝利を目指したりする、そういう**教育**の機会として、学校の体育はある。このように、スポーツには多くの目的がありうる。だから「競技で他者に勝つ」ことだけが目的ではないんだ。

　スポーツのなかには、実施にあたって男女を分けることもある。分けないこともある。地元のレクリエーション大会でバレーボールをするようなとき、男女混合でチームを作るのは自然なことだろうし、高校のサッカー部が大会に出場するようなときは、男性だけ・女性だけでチームを組むことが多い。ポイントはやはり、そのスポーツをする「目的」がどこにあるのかだ。地元のレクリエーション大会なら、「交流」や「娯楽」が目的だから男女混合なのだろうし、サッカー部の大会なら、やはり「教育」という大きな目的にとって男女別であったほうがいいという判断で男女別になっているのだろう。

　これが、私たちがスポーツをする目的の話。その目的に応じて、競技は男女で分かれることがあるし、分かれないこともある。ただ、こういうスポーツの現場から、トランスジェンダーの人たちは排除されてしまうことが多い。

Q18-2 トランスの人たちはどうしてスポーツから排除されるの?

　ここから少し、トランスジェンダーの人たちがどんなふうにスポーツという活動から排除されてしまうか、説明するね。ただ、これはスポーツそのものの問題ではない。どちらかというと、スポーツをする以前の

ところで排除は起きてしまっている。

　例えば、学校の体育では水泳がカリキュラムに組み入れられていることが多い。そうすると、肌の露出が多い水着の着用が求められることもある。トランスジェンダーの女性には、子ども時代に（男子用の）水着を着るのがいやで体育に参加できなくなった、場合によっては学校にいけなくなった、という経験をしている人が少なからずいる。それに、水着に着替えるためには更衣が必要だけれど、性別への違和感がある子どもは、生まれたときに指定された性別の同級生らと更衣室を共有することを耐えがたいと感じていることがある。

　更衣室の問題は、成人後も付きまとう。スポーツクラブや市民プールを利用しようとしても、更衣室が男女で分かれているために、社会生活上の性別を移行していないトランスジェンダーの人たちが利用できない、などの不便はよく起きる。ほかにもノンバイナリーの人は、男女で参加登録が分かれているマラソン大会にエントリーしにくいと感じたり、スポーツにまつわる無数の機会に自分を否定される経験をする。それに、スポーツをするときは身体の形がくっきり浮き出る服装をすることも多いから、自分の身体を周りの人に見られたくないと感じるトランスの人にとって、そもそもスポーツ自体にいい印象がないこともある。

　こういったトランスの人たちの困難は、スポーツ競技の内部で他者たちと競ったり、他者たちと協力したりする以前の問題だ。スポーツへの参加機会をそもそも剥奪されがちだということだから。

　もちろん、トランスジェンダーの状況は多様だ。幼少期から自分のジェンダーアイデンティティどおりの性別で学校に通っている子もいれば、そうではない子もいる。性別をすっかり移行した大人もいれば、そうでない大人もいる。生きていく性別をすでに移行して安定的に生活できている人なら、当然スポーツからの排除を経験する度合いは小さくなる。ただ、幼いころから自分のアイデンティティに沿った生活を送ることができていたとしても、排除の憂き目に遭うことはある。「トランスジェ

ンダーの子どもは前例がないから」という理由でスポーツクラブへの入会を拒否されたり、部活動の大会への参加を自粛させられたりすることがあるんだ。幼い子どもがバドミントンやダンスを習いたいというだけのことなのに、トランスジェンダーだからと排除するなんて、あまりにもひどい。

　こういう排除をやめるために、できることはたくさんある。学校なら、更衣の場所や水着のデザインなどを工夫することで、教育現場からの排除を減らすことができる。更衣室に、試着室のカーテンのような設備を付け足す学校もあるようだ。性別に違和感がある児童・生徒がつらい思いをしないように、必要以上に競技を男女で分けないことも大切だね。ちなみに文部科学省も、学校体育で競技を男女で分けるべきだとはいっていない。スポーツクラブでの工夫も、同じ。ほかの利用者と共用ではない個室の更衣室が1つでも2つでもあれば、利用しやすくなる。そして何より、トランスジェンダーであるという理由だけで、人をスポーツの現場から排除しないことだ。スポーツの習い事をしたいと願うトランスの女の子が社会から悪魔みたいに扱われるなんて、そんな恐ろしい世界はやめにしなければならない。

Q18-3 男女で分けられているスポーツにトランスジェンダーの人が参加したら、競技の公平性を損なうのでは？

　そのように考えている人が少なからずいるようだ。だいたいはトランスジェンダーの女性を念頭に置いて、彼女たちはシスジェンダーの女性よりも運動能力が高いはずだから、女子スポーツに参加したら公平性が損なわれる、という発想だよね。わかった。こういうときこそ、スポーツについてあらためて振り返ろう。

　まず、スポーツにはいろんな目的があった。運動や娯楽、健康や交流、そして教育。ごくまれに、スポンサー契約をしているプロのアスリートもいる。そういう人にとっては生活資金が、目的として大きくなるかも

しれない。

　こういうさまざまなスポーツのうち、トランスの女性が参加することによってその目的が損なわれると考えられるのは、いったいどれだろう。つまり、**トランスジェンダーの人を排除しなければ目的が達成できないようなスポーツ**というのは、どこにあるのだろう。

　一つ聞いてみたいのだけれど、すでに女の子として学校に通っているトランスの女の子を部活動の大会から排除して、それは「教育」という目的にとって本当にいいことなのだろうか。生まれたときの身体の形や、法律で登録された性別の記載が人と違うだけで、部活を含む学校生活でひどい排除を経験する子どもがいるのは、「教育上」いいことなのか？　そうやって彼女を排除するのがはたして「公平」なんだろうか。もし「公平」だったとして、その「公平」は、「教育」というそもそもの目的を台無しにしてまで優先されるべきものなのか。

　おそらく多くの人は、次のように考えているのだろう。

　　①公平さのため、運動能力の違いでスポーツ競技は分けるべきだ。
　　②男女の平均的な運動能力には違いがあり、男子が女子よりも常に
　　　優位である。
　　③以上より、男女でスポーツ競技は分けるべきだ。
　　　このうち①が公平さについての主張。②は、思春期以降の男女の
　　　体格の平均の違いなどから主張される。

　確かに、中学生から高校生くらいになると、男女の平均でみたとき、体格や運動能力に違いがいくらか出てくる。男子の平均身長は女子の平均よりも高い。男子の走力（走る速さ）の平均は女子の平均よりも高い。男子がソフトボールを遠くに飛ばす能力の平均は、女子の平均よりも高い。こういった事実から、次のように考えてしまいそうになる。男子のほうが女子よりも運動能力が優れているから、男女で競技を分けるべき

だと。

　しかし、この推論はかなりおかしい。もし仮に、身長や走力の違いが特定のスポーツ競技にとって本質的な要素だとしても——大半の競技の能力はこんな単純な要素には還元されないから、これはずいぶんと雑な想定なのだけれど——、男女の違いはあくまでも平均の違いにすぎないからだ。つまり、実際には分けるべきポイントを間違えている。①運動能力で競技をカテゴリー分けするのが「公平」だというなら、文字どおり、個々の選手（プレーヤー）の身長や走力ごとに競技カテゴリーを分けたほうがいい。そのほうがよっぽど合理的ではないだろうか。大半の男子よりも身長が高い女子や、大半の男子よりも足が速い女子は普通にいるからね。つまり、身長や走力が運動能力と直結していて、運動能力の優劣で競技を分けるべきだというなら、男女の性別で分けるなんて筋違いなことをしないで、身長や走力で分けたほうが「公平」だ。例えば2つの階級に分けて、「優位階級」は「身長170センチ以上あるいは100メートル走14秒未満」の選手が出場する、「劣位階級」は「それ以外」というように。

　なんだかいやな気持ちになったかもしれない。でも、①公平さを大事にするという発想と、③性別で競技を分けるという発想は、厳密には結び付いていない。②男女の平均の違いという、かなり役立たずの指標がその橋渡しをしてしまっているからね。

　だとしたら、なぜ私たちの多くは、スポーツ競技で男女が分かれていることを自明視する傾向にあるのだろう。その理由をすべて解き明かすことはできないけれど、一つの考え方は、おそらく競技の**有意味さ**だ。

　いったん性別から離れるけれど、日本のプロ野球には「外国人枠」がある。外国人選手は4人までしかチームに登録ができない。一見すると、これは公平さを目的にした措置だ。「外国人は身体能力が高すぎて、あまり起用しすぎると不公平だから」。でも、本当にそうだろうか。おそらく違う。もし、身体能力が高すぎることでプロ野球の「公平さ」が損

なわれるのだとしたら、大谷翔平選手を起用するなんて不公平の極みだろう。ほかにも、資金が豊富なチームが海外から「助っ人外国人」を呼ぶと、資金力によって「公平さ」が損なわれる、という見方もできそうだ。でも、それが不公平だというなら、資金力に物を言わせて日本国内の他球団からエースや4番を軒並み引き抜いていた一時期の読売ジャイアンツのほうが、よっぽど不公平だ。でもだからといって、「他球団からの引き抜き枠」なんて制限が設けられることはない。

　では、なぜ「外国人枠」が存在するのだろうか。一つの発想は「有意味さ」だ。どうやら日本のプロ野球は、「日本人同士」が野球をすることに意味を見いだしているらしい。「外国人」ばかりがスタメン出場する野球の試合を、日本プロ野球（NPB）としておこなうことには意味がないと考えているんじゃないか、ということ。つまりこのルールの根拠の一つは、公平さの皮をかぶった「有意味さ」にあったということだ。

　同じようなことは、箱根駅伝などでもルール化されている。往復10人が走る箱根駅伝では、留学生を1人しか登録できない。理由の半分くらいは、おそらく大学スポーツの目的――本来は「教育」だけれど、実態としては大学の広告塔にされがち――と「留学」という目的の兼ね合いだろうけれど、もう半分はおそらく、競技の「有意味さ」にある。特待生制度などを使って、駅伝が速そうな高校生に声をかけて大学に推薦入学をさせることは認められているのに、「（外国人）留学生」の登録には制限を設ける。プロ野球と似ているね。箱根駅伝は「日本人（非留学生の）学生」が走るものだと、そんなふうに考えている人が多いからじゃないだろうか。

　これについては、身体能力が日本人とは違うからルールが必要だ、という意見もある。でもそうだとしたら、国籍や在学身分ではなく、素直に身体能力で分ければいい。それに、実際には両親が外国にルーツをもつような「日本人」学生もいるし、日本人を両親にもつ「留学生」や、幼少期を日本で過ごしたような「外国人」もいる。にもかかわらず

「（外国人）留学生」であることにルール制限を設けているのは、やっぱり「箱根駅伝は日本人大学生が走ってこそ意味がある」という有意味さについての考えが、箱根駅伝の主催者や視聴者に存在しているからだろう。

　さて、スポーツ競技を男女に分けることにも、きっといろいろな理由がある。スポーツにもいろいろなスポーツがあるし、その目的も多様だから、男女で競技を分ける理由もさまざまだろう。とはいえ、その理由の少なくない部分は、おそらく競技の「有意味さ」にかかっている。日本プロ野球や箱根駅伝が「日本人同士」の競技・競争に意味を見いだしていたように、教育にせよ、交流にせよ、多くの競技スポーツでは**同性同士**の競争に意味を見いだしがちだ。実際には、幼少期から恵まれたトレーニング環境があったかどうか。血液中で酸素を運搬する能力が高いかどうか。こういった基準で競技シーンを分けることだって、できるのかもしれない。とくに、幼少期からのトレーニング環境や、それを可能にする経済的な豊かさは、スポーツ競技の能力にあまりにも大きな影響を与える。でも、そういった基準よりも、私たちの社会は「性別」でスポーツを分けることに大きな意味を見いだしている。それがなぜなのかは、はっきりとはわからない。この本の第1部で確認したように、私たちの社会は「性別」にあまりにも大きな意味を見いだして、男女の区別を社会制度や慣習に過剰に取り入れてきたから、スポーツについても、性別で分かれて当然だと考えるようになったのだろう（ただし歴史の話をすると、近代スポーツはもともと男性だけの世界で、女性は排除されて当然だった。だから、女性の排除がデフォルトとしてあって、そのあと女性「も」スポーツができるようになった、というのが正しい）。

　そうした社会で、トランスジェンダーたちは困難にさらされる。性別を移行して女性として生きているトランスの女性がスポーツ競技に参加すると「公平さ」が損なわれると、不必要にスキャンダラスな扱いを受ける。実際には、トランスジェンダーの女性にもいろいろな人がいる。

「身体が男性である」という雑なイメージを押し付けられているせいで、彼女たちの身体についてはきわめて偏った理解がなされることが多いけれど、身体の特徴も、運動能力の高さ・低さ、スポーツ競技の得意・不得意も、スポーツの経験を積むための経済的環境も、人それぞれだ。でも、そんなことはどうやら関係ないみたい。生まれ持った「ギフト」のおかげで身体能力が高いシスジェンダーの女性には「不公平だ」とは言わないのに、ちょっとでも競技に強いトランスジェンダーの選手が現れると、すぐに「不公平だ」と言われる。それは、私たちの社会が性別に過剰な「意味」を見いだしてきたせいで、生きていく性別を変えたように見える人が競技に参加すると、スポーツの**有意味さ**が損なわれてしまうと恐れられているからだ。だからこれは、プロ野球や箱根駅伝からの「外国人・留学生」の排除と似ている。どれだけ強い「日本人」選手がいても不公平だとは言われないし、実際には「日本人」と「外国人」の線引きさえ曖昧なのに、ここには絶対的な違いがあると信じられている。それは、「日本人同士」の争いに過剰な「意味」が見いだされているからだ。トランス女性の競技参加に向けられる批判も、かなりの部分がこれと同じだろう。生きていく性別を変えたことがある人の存在は、性別で分けて競うことに意味があるのだという、スポーツの「有意味さ」を損なうと考えられている。でも、世の中の多くの人はそうした「有意味さ」についての常識を直視するのが怖いから、そのかわりに「公平さ」という表現を使う。でもその実態は、「公平さ」の皮をかぶった「有意味さ」への懸念なんだね。

Q18-4 将来的にオリンピックのメダルをトランス女性が独占するのではないですか?

　この本でずっと書いてきたことだけれど、まずは現実をきちんとみてほしい。トランスジェンダーの人たちは、圧倒的にスポーツの現場から排除されている。そして、興味があるなら調べてみてほしい。いま現在

のトップアスリート女性に、トランスジェンダーの女性はどれくらいの割合で含まれている?

「将来こんな世界がくるのではないか」という想像は、未来のことだから、なんだって放り込むことができてしまう。現実離れした空想でさえ、「将来の不安」には投げ込めてしまう。でも、そういう勝手な空想のなかで「懸念」を膨らませて、トランスジェンダーの人たちへの憎しみや恐怖を一方的に拡張させることに、いったい何の意味があるのだろう。

　繰り返すけれど、トランスジェンダーの人たちはスポーツから排除されている。この排除をやめるためにどういった工夫が必要なのかも、すでに簡単に紹介した。スポーツにはたくさんの目的がある。健康・運動・教育・交流・娯楽……。シスジェンダーの人たちには与えられているそうした機会が、トランスジェンダーの人たちからは構造的に奪われてしまっている。それは、教育からの排除や健康の悪さ、交流機会の乏しさによる孤独などとつながっている。これを変えてほしいというのが、トランスコミュニティの願いだ。

　それなのに、「トランスジェンダーとスポーツ」という単語の組み合わせを聞いた途端、オリンピックのような競技シーンがすぐに引き合いに出されて、人類のごくごく一握りの人たちが争う場所にトランスジェンダーの女性が参加するのは許されるのか?などと詰問される。まったく意味がわからないよ。「勝利」というものに圧倒的な目的が置かれる例外的な状況のトップアスリートの世界で、トランスジェンダーはどのように競技に参加すべきか?というのは、競技の歴史や性質、また興行主や広告主の意向も絡む問題だから、最終的には競技団体ごとに判断をすればいい。そんなことは、いまスポーツの現場から排除されがちなトランスジェンダーの人たちにとってはなんの関係もない話題だ。

　はっきりいっておく。「トランスジェンダーとスポーツ」という話題で、いつまでもオリンピックやトップアスリートの参加資格についてばかり話している人たちは、本当に考えるべきことを見失っている。むし

ろ、トランスジェンダーの人たちが直面している過酷な現実から世の中の注目を逸らすことに加担しているといえるだろう。

Q18-5 トランスジェンダーの男性は男子競技で活躍できているの?

　男子競技に参加するトランス男性はいるよ。興味があるなら、インターネットで調べてみたらいい。ボクシングのように接触がある個人競技でも、トップレベルで活躍している人はいる。トランスの男性だと知られずに活躍している人だって、きっといるだろう。

　ただ、ここで問題にしたいのは、ここまでもさんざん伝えてきたとおり、前提になるスポーツの世界からトランスは排除されてきたという側面だ。遠くにものを投げられる能力や、瞬間的な筋肉の爆発力、真っ直ぐ速く走る力など、スポーツはもともとシス男性に有利なように基準ができている。だから、そんな環境でトランス男性がスポーツを続けることは容易ではない。なので、知られているかぎりではモーターボートやフェンシングや水泳など、種目での男女差が比較的少ないスポーツで継続するケースが目につく。男女差が際立ったり、男性側に優位な基準が設定されていたりする種目では、トランス男性が活躍するどころか、まずスタートラインに立てないか、長く続けることが精神的に厳しい。このことはスポーツ自体がはらむ問題でもある。

性別分けされた空間について考える

①現在の社会で、その空間がどのように設計・運用されている
か考えよう。

➤「身体の性別で分かれている」といった雑な理解ではだめ。

➤性別についての理解の解像度を上げよう。

②トランスジェンダーの状況が多様であることを前提にしよう。

③多様な状況の人がいるなかで、現在の社会の性別分けスペー
スで困っている人と、困っていない人がいることを忘れない
ようにしよう。

④そのうち困っている人の困りごとを解決するには、どんな設
備や工夫（時間や空間のアレンジ）が必要なのかを考えよう。

⑤そうした設備や工夫が、トランスではない人も含めてすべて
の人たちにどんな影響を与えるのかを考えよう。

⑥「トランスジェンダリズムは危険だ！」という言葉に注意し
よう。

➤それは①−⑤と無関係な、捏造された主張ではないかな？

⑦既存の性別分けスペースで困っていないトランスの人を、た
だトランスジェンダーであるという理由だけで排除しようと
する差別的な主張に注意しよう。

第4部

「トランス差別はいけないけれど気になる」疑問

　第4部では、「どこかで聞いたことがあるけれど、これを言ったら失礼かな？」と感じるかもしれない微妙な疑問を扱っていく。具体的には、トランスの医療や社会の変化、ジェンダーに付随する特権の話についてだ。

Q19▶トランスジェンダーと医療

Q19-1 ホルモン治療は心身に悪いんじゃないの？

　まず、何のためにホルモン治療をしている人がいるのか考えよう。シスジェンダーで更年期障害の人が、体内のホルモンバランスを整えるためにホルモン補充療法を受けることがある。テストステロンやエストロゲンを身体に摂取するんだね。トランスジェンダーの人たちは、そうやってシスの人たち向けに作られてきたホルモン製剤を、自分の健康のために摂取することがある。

　トランスの人にとって、ホルモン治療が必要になる理由は2つある。1つは、ホルモン治療をすることで、望ましい性別に見なされやすい身体の変化を起こすことができ、それが希死念慮や心理的ストレスを軽減

するからだ。だから、俗にいう「男性化」を促したいトランス男性やノンバイナリーはテストステロン（男性ホルモン）を、俗にいう「女性化」を促したいトランス女性やノンバイナリーは、主にエストロゲン（女性ホルモン）を投与する。これが、トランス医療として筆頭に挙がるホルモン治療だ。

ホルモン治療によるそういった身体の変化は、せいぜい数年で落ち着く。でも、それ以降も治療をやめない人が多い。それが、ホルモン治療が必要になる2つ目の理由。すなわち体調の維持だ。ホルモン治療を継続していると、もともと身体にあった生殖腺のはたらきが落ちるし、トランスの人のなかには手術で生殖腺を取り除いている人も多い。そうすると、人工的にホルモンを補充しないと、吐き気やめまい、気分の落ち込み、断続的なほてりなど、ひどい更年期障害のような症状に苦しめられるし、骨粗鬆症にもなりやすくなる。だから、自分の身体のコンディションを維持するために、ホルモン補充療法をずっと続けることになるんだ。ちなみに、体内のホルモンバランスを整えるために、先ほどの例とは逆のホルモン（トランス女性がテストステロンを少々補充するなど）を必要とすることもなくはない。要は、目的に合わせて使うってこと。

もちろん、副作用がないわけではない。ホルモン剤の経口摂取は肝臓に負荷をかけるし、エストロゲンの場合はとくに血栓症になるリスクが上昇する。でもそれは、シスの人たちでホルモン補充療法を受けている人と同じ。だからトランスの人たちも、できることなら、専門的な知識をもつ医師の指導のもと、用法・用量を守ることが大切だ。

ホルモン治療に関しては、それまで体内に微量にしかなかったホルモンを外部から人為的に投与するわけだから、慣れないころは体調不良になる可能性もある。生まれつき該当する性別に適した性ホルモンを備えているシスジェンダーの人たちがうらやましくなるけれど、グッと我慢。でも、どうしても身体に合わないとわかって、途中でホルモン治療をやめざるをえない人もなかにはいる。とはいえ、そうやって健康上の理由

からホルモン治療をやめざるをえなくなった人に向かって、「やっぱりあなたはトランスジェンダーではなくシスジェンダーだったんだね」などと部外者がジャッジするのは最低だ。本当に卑劣だからやめよう。

Q19-2 性別違和を訴える若者が急増していると聞いたことがあるけれど、本当?

その噂は、科学的に否定されている。「思春期に友人やソーシャルメディアを通じてトランスジェンダーの人たちと接することで、性別に苦痛を感じるのでは」という派手な憶測を掲げた心理学者がいたのだけれど、元の論文には多くの疑問が提示されていて、いまではトランスジェンダーを嫌う一部の活動家によって使い回されるだけになっている。

でも、あまりにもしつこく「急速に発症する性別違和(ROGD)」についてのこの誤情報が使い回され拡散されるものだから、2021年にはアメリカ心理学会をはじめとする61の医療提供者団体が、はっきりとした非難の文章を出した。そもそも「若者はソーシャルメディアの影響を受けやすく、自分がトランスジェンダーだと誤解してしまう人が増えている」というのは、トランスジェンダーの青少年の経験を無視しているばかりか、いうなれば「雑な若者論」の一種にすぎない。ソーシャルメディアは、性別に違和感がある人たちが人生の早い時期から自分たちについての知識や情報を得るために大いに役立つ。だからSNSなどの発達によって、自分の性別への違和感の正体がトランスジェンダーであることに由来するものだと自覚できる年齢は、かつてよりも下がっている。当たり前のことだ。でもそれは、トランスジェンダーであるかもしれないという「思い込み」が、若者のあいだに「社会的に伝染」しているというのとは話が違う。「社会的に伝染」しているのはむしろ、ジェンダー肯定的なケア(gender-affirming care)を受ける若者がSNSのせいで急増しているにちがいない、という思い込みのほうだよ。

Q19-3 簡単に医療にアクセスできたら、後悔する人が増えるのではないですか？

　残念なことに、現在も簡単に治療できる状況にはない。むしろ、もっと簡単に医療にアクセスできる世界に変わらなければならない。いったん日本の話に限定するけれど、日本精神神経学会が出している「ガイドライン」どおりにホルモン治療や性別適合手術を受けようとすると、「性別不合」の診断を得るまでに専門医と10回くらい面談する必要がある。そうした通院をするためには、学校や仕事、家事の合間を縫って、短くても半年くらいクリニックに通い続けなければならない。クリニックは大都市圏に集中しているから、地方と都会の格差も深刻だ。地方都市から夜行バスに乗って都会のクリニックに通う人たちもいるけれど、そうした人たちの苦労はとても大きい。また地域によっては、診療ができる医師の数が少なすぎて、抽選で当たらなければ診療を開始することさえできない。

　いざ診断を得て国内で手術をしようとしても、半年から1年くらいは待ち時間がある。すでに性別を移行して生き始めている未成年のトランスの子どもには第二次性徴による身体の変化を抑制する薬（＝思春期抑制剤）が処方できるのだけれど、実際にはあまりにもハードルが高くて、この治療にアクセスできている子どもの数はきわめてわずかだ。性別不合・性別違和についての専門医だったとしても、子どもの臨床ができる医師の数は限られるから、いわゆる都会と地方のあいだの地域格差がより一層深刻になる。

　それはさておき、自分がトランスジェンダーかもしれないと思って治療に進んでみることは、べつに悪くないんじゃないだろうか。生まれたときからもっている第一次性徴も、思春期に変化が訪れる第二次性徴も、誰もそれを選んでいるわけではない。その性徴を放っておくことも、それ自体で一つの「選択」だし、一部のトランスの人たちがホルモン治療

や性別適合手術を「選択」するのと、本来は等価であるはずだ（＝何もしないという選択）。にもかかわらず、シスジェンダー的に発達した身体の状態だけが「正しいもの・望ましいもの」と扱われて、そうではない発達や身体の変化、つまりはトランスジェンダーの人たちがおこなう医療介入は、「正しくない・望ましくない」ものとして妨害を受けやすい。結局のところ、トランスジェンダーであること自体が「望ましくない・避けたほうがいい」ことだと思っているから、トランスジェンダー医療を受けないほうがいいという発想にこだわってしまうのではないだろうか。

　思春期抑制剤についても同様だ。思春期の身体の変化が自分にとって受け入れがたいものに感じられるトランスの人たちにとって、その変化は「取り返しのつかない」ものだ。実際、一度変化してしまった身体は元には戻らない。そうした「取り返しのつかない」変化を一時的に抑制して、自分の人生の行く末を判断するための猶予期間を与えるのが、思春期抑制剤の役割だ。にもかかわらず、思春期抑制剤をトランスの若者に処方すると「取り返しのつかないことになる」と騒ぐ人たちがいる。これは結局、シスジェンダーとして生きていくのが唯一の「正解」で、それ以外は「悲劇」だと考えているから、そんな発想になるのだろう。

　自分はトランスかな？と思う人がいるってことは、その前提として、シス的な人生に違和感があった可能性が高い。だからその人は、その違和感や苦痛を解消しようとしてトランス医療に進んだのだろう。トランス医療を選択した人の「選択」は、ある瞬間の思いつきではない。その選択には、このままの身体では何かがおかしいという背景がある。その背景を無視して、「あまり簡単に医療にアクセスできないほうがいい」なんて軽々しく言うべきではない。ただでさえトランス医療の資源が乏しい、この世界で。

　トランスの人のなかには、ホルモン治療を中断する人もいるけれど、その理由はさまざまだ。お金が足りない、治療が身体に合わなかった、

家族に猛反対された、などいろいろな背景がありうる。本当は治療を続けたかったけれど、現時点では中断せざるをえない、という人もたくさんいる。なかには治療したことを後悔する人もいるけれど、どちらかといえば圧倒的に少数派だ。あなたはもしかして、「少しでも後悔する人がいるなら、そんな医療はやめるべきだ」と思っているのだろうか。だとしたら、トランス医療に限らずすべての医療は禁止されなければならないことになる。どんな治療でも、医療者がきちんと患者に説明をして、患者がその説明を聞いたうえで治療に同意するというのが原則だ（インフォームド・コンセントという）。それは、治療を受けたあとの患者の後悔を減らすことにつながるけれど、なくすことはできない。術後の経過が思ったほどよくなかったり、体質によって副作用が大きく現れたりして、「やめておけばよかった」と後悔したり、「いまはいったんこの治療は停止しよう」と立ち止まったりする人は必ずいる。でもそれは、その治療を社会全体で禁止する理由にはならない。

「後悔する人がいるかもしれない」と言うのなら、必要なのはトランス医療についてのデータをきちんと集めることだ。そうして集めたデータを使って、治療についてのより正確な情報を、適切に患者たちに提供できる環境を作ることだ。これは、トランス医療だろうとどんな医療だろうと変わらない。そうした前向きな発想にならずに、「ちょっとでも後悔する人がいるから」という理由でトランス医療を制限しようとするなら、それはさっきと同じ。トランスジェンダーなんていないほうがいいという差別的な考えに由来しているんじゃないだろうか。

Q20▶トランスジェンダーと社会の変化

　ここから少し、トランスの権利回復によって生まれるとされる社会の変化にまつわる質問に答えていこう。

Q20-1 トランスジェンダーの権利は、女性の権利と対立しない?

　これは、トイレやお風呂、スポーツに絡めてよく出される問いだ。でも、それについては第3部でみっちり説明したから、そちらを参照してほしい。トランスの人たちの現実をきちんと踏まえて、困っている当事者の困りごとを解決するための方策を具体的に考えていけば、トランスの権利と女性の権利が対立するなんておかしな発想にはならないはずだ。むしろ、ここまで読んできた読者なら、両者が目標としては重なり合っていることがわかるだろう。例えば性と生殖にまつわる健康や権利が守られること、性別らしさ・性別役割の押し付けをやめること、ルッキズムなど見た目や身体の特徴に基づく価値の序列を切り崩すこと、シス男性中心の医療のあり方を変えること、世の中から暴力をなくしていくこと……。ほかでもない、フェミニズムが歴史的に求め、実現のために前進しつづけてきた理念だ。

　でも、現実には「トランスジェンダーの権利と女性の権利が対立する」という認識をもっている人がまだまだいる。それどころか、ほかでもない女性の権利の回復・獲得を目指してきたフェミニズムのなかで、そういう主張がされる機会も増えている。なかには、トランスジェンダーを攻撃することこそがフェミニズムだと信じ込んでいる人さえいるくらいだ。とはいえ、それも急に現れたわけじゃない。「トランスジェンダーの権利と女性の権利が対立する」というのは、トランスジェンダーの現実を知らない一部のフェミニストたちが、偏見による空想に基づいて数十年前から主張してきたことだ。またそうした主張の背景には、「私たち女性の訴えがまだ社会に聞き入れられていないにもかかわらず、トランスジェンダーの主張ばかりまかり通っていてズルい」というような、八つ当たりが含まれていることもある。

　ただ、忘れないでほしい。それもまた、フェミニズムの歴史の一部だ。フェミニストがフェミニズムを掲げて、マイノリティの抑圧に加担して

きた歴史は確かに存在する。「そんなのフェミニズムではない」と思いたくなる気持ちもわかる。でも、それはよくない切断かもしれない。フェミニズムがフェミニズムの名の下におこなってきた歴史的な過ちは、フェミニストならば直視すべきだと思う。振り返れば、異性愛女性中心のフェミニズムでレズビアン女性が排除されたり、企業で活躍する女性の数ばかりに注目したせいで、非正規雇用で働く女性や、かわりに家事労働を担う移民の女性がさらなる抑圧を被るという結果が不可視化されることもある。生まれるべき命と生まれるべきでない命の線引きをする、優生思想にどっぷり浸かったフェミニストだっていた。同じような過ちは繰り返される。いま活発化している、フェミニズムの旗印のもとでおこなわれるトランスジェンダーバッシングは、その一例にすぎない。

　もちろん、だからフェミニズムは駄目だということにはならない。フェミニズムは女性差別ひいては社会のさまざまな不正義をなくすための重要な実践でありつづけてきたし、これからもそうだろう。だからポイントは、「何がフェミニズムなのか」ではなく、「フェミニズムをどのように実践するか」だ。これには、女性差別をしたり、トランスジェンダーの存在をいないことにしてきた男性たちの責任も大いにある。

Q20-2　トランスジェンダーはジェンダー規範を強化していませんか？

　よくある誤解だ。トランスジェンダーの女の人は、みんな髪の毛が長くて、スカートをはいていて、お化粧ばっちりで、トランスの男の人はみんな髪が短くて、髭を生やしていて、素行が乱暴で、どちらも世の中の「性別らしさ」の規範を強化しているように見えるって、なぜそのように思うのだろう。

　この疑問には、4つの点から答えられる。

　1つ目。トランスの人たちがどんな外見や服装を好むか、どんな振る舞い方を自分らしいと感じるかは、人それぞれだ。シスジェンダー女性

だって、長い髪を好む人もいれば、短い髪を好む人もいる。化粧が好きな女性も、嫌いな女性もいる。それとまったく同じ。だから、自分にとって望ましい外見や服装、振る舞い方が世の中の「性別らしさ」と合致する人もいれば、そうでない人もいる。シスだろうとトランスだろうと、それは変わらない。「トランスジェンダーの女性（男性）は女性（男性）らしいものが好きにちがいない」というのは、メディアが作り出した偏見だ。とくにトランス女性がメークしているシーンはメディア産業に好まれがちだけど、その結果「トランス女性はメークさえしていれば女性になれると思っているんだ！」という誤解を生み出し、偏見を助長させているのだから罪は重い。

2つ目。トランスの人たちは、シスの人たちと同じように、ジェンダー規範を押し付けられている。女性として生きていたり、女性として生きようとしたりすれば、「女性らしくしろ」という社会からの圧力を受ける。「男らしさ」でも同じことが起きる。でも、すぐに気づくと思う。それは、シスジェンダーの人たちと同じなんだ！

3つ目。これはトランスとシスで違うこと。トランスの人たちは、シスの人たち以上にジェンダー規範を厳しく押し付けられている。なぜならトランスジェンダーの人たちは、**ジェンダー規範にそれなりに従っていないと、自分のアイデンティティごと存在を否定される**ことがあるからだ。例えば、トランスジェンダーの女性が「女性らしく」していないと、「お前はやっぱり女じゃない」とか「そんなの男だ」という侮辱や攻撃を受けることがある。「男らしくない」トランス男性に対しても、「しょせんは女でしょ」という非難や人格否定が向けられることがある。これは、シスの男女には起きないことだ。だからトランスの人たちは、シスの人たちとは違ったかたちで、より厳しくジェンダー規範を背負わされている。

4つ目。落ち着いて考えてほしいのだけど、トランスジェンダーの人口は1％にもはるかに満たない。第2部で説明したように、世の中で集

団としての権力をもってもいない。むしろ、構造的には社会から排除され、集団としては差別を受けがちだ。そんなトランスジェンダーの集団が、世の中のジェンダー規範を作ったり強化したりなんてできっこない。考えればすぐにわかることだけど、社会のジェンダー規範（女らしさ／男らしさの規範）を作ったり強化したりしているのは、テレビや雑誌などのメディアと、家庭や学校での教育・しつけだろう。そして、メディアや学校教育、子育ての現場を支配している人たちは、ほとんど全員がシスジェンダーだ。だから、トランスジェンダーに向かって「ジェンダー規範を強化している」なんて非難を向けるのはちゃんちゃらおかしい。その非難は、ステレオタイプ的な男女の姿ばかり映しているテレビ業界や、男らしさや女らしさを過剰に押し付けている公教育もしくは親たちに向けるべきだ。

Q20-3 トランスジェンダーの人が自分の性別を認められたいなら、性別適合手術をすべきじゃないでしょうか？

えーと、あなたの性別は、股間にデキモノができたら変わってしまうのかな？　この質問は、それくらい雑な話をしているように見える。冗談はさておき、性別適合手術の有無でその人の性別を認めるかどうか決めるというのは、いったいどういうつもりだろう。

そもそも性別適合手術とは、内性器と外性器の手術を指すことが多い（この言い方自体、不思議ではある。性器以外でも、性別を適合させるための手術は存在するのに、なぜか性器ばかりが性別の決め手になっているような名称だから）。一部のトランスの人にとって、どんな性器をもつかは確かにとても大事なことだから、性別適合手術をしたことで「ようやく性別が変わった！」という喜びを得る当事者がいるのも事実だ。

でも、性器の形や機能を変えることがその本人にとって大きな変化・喜びになったところで、ほかの人には全然関係ない場合がほとんどだ……。性別適合手術をして、尿道の位置を変えたり、皮膚を切除したん

だよと言っても、社会的には「？？」という反応にしかならない。これまで、**性別適合手術によって性別が変わる**というメッセージがメディアで流布してきた側面があるからか、トランスの人の性別を手術の有無と結び付ける思想は根強いのだけど、手術は、その人がどの性別で生きるのかという実態とはほとんど結び付いていない。だから、性別適合手術をしたかどうかだけを、「社会で認められる性別」の決め手にしようとしたところで、そんなのは意味がないんだよ。

　そもそも、トランスジェンダーの性別を「認め」たり「認め」なかったりする権利が自分にあるという傲慢な発想は、どこからくるのだろうか。あなたが何を言おうと、トランスの人にはすでに性別を移行して生きている人がいっぱいいて、そこには外性器や内性器の手術を経ていない人もたくさんいる。そういう現実から目を背けて「私は認めない！」と言い張ったところで、なんだか滑稽な話だ。きちんと現実と向き合ったほうがいい。

Q20-4 トランスジェンダーの人を好きにならないのは、差別していることになる？

　あなたが誰を好きになるのか・ならないのかは、あなたの自由だよ。だから、トランスの人を好きにならないのも、あなたの自由。

　ただ、考えてほしいことがある。社会には、あらかじめ偏見が埋め込まれているんだ。だから「誰を好きになるか」という**"個人的な"**欲望は、**"社会的に"**作られている面もある。ほら、みんなが「美人・美女」だと思う女性の顔って、なんだかおかしなくらいに均一じゃない？それとは逆のパターンとして、この社会には、トランスジェンダーには価値がない、愛されるべき存在ではない、というメッセージばかりがあふれている。当然、「トランスの人には価値がない」という思い込みが発生しやすい。そんな社会は、あなた個人の好みとは別に、ぜひとも変えていく必要がある。

それと、不特定多数の人に向かって「自分はトランスジェンダーを好きになりません」とわざわざ表明する必要はないよね。その表明は、トランスジェンダーの存在を不当に低く扱う、いまの差別的な社会のあり方をそのまま是認してしまっているわけだし。あなたが誰を好きになるか・好きにならないかは、完全にあなた個人の自由だけど、どんな集団について「この集団を好きにならない」と表明するのかは、（わざわざ表明するという）あなたの行為の問題だから責任が伴う。その区別はつけられるようにしておこう。

Q20-5 「生理のある人」という表現をみかけたことがあります。トランスジェンダーに配慮して「女性」という言葉が消されてしまったの？

　事の始まりは、「新型コロナウイルス後の世界を、生理のある人にとってより平等なものに」という記事に対して、イギリスの有名作家J・K・ローリングが「生理がある人？「女性」と言わないのはなぜ？」と揶揄するような発信をSNSでしたことだろう。

　例えば高齢の女性を思い浮かべればわかるように、すべての女性に生理があるわけではないし、女性ではない人（トランス男性やノンバイナリー）にも生理がある場合がある。だから、元の記事の「生理のある人（People who menstruate）」という言葉は、文字どおり生理がある人たち、届くべき人に届くような表現になっていたはずだ。女性という言葉を消そうとしてこの言葉になったわけではない。

　ところが、トランスジェンダーの存在に否定的な人たちは、もっぱらトランスジェンダーのせいで女性という言葉が消されて、必要な性の話ができなくなってしまったかのように振る舞う。すべき話をできなくしているのは誰なのか、立ち止まって考えてみよう。トランスジェンダーの人たちが「女性」という言葉を「消した」という、意味のわからない濡れ衣を着せられて憎しみの対象にされるのはなぜだろう。結局、トラ

ンスについて適当な嘘を言ってもみんなが信じてくれると思っているから、そういうデマをまくのだろう。許しがたい人もいたものだ。

Q20-6 公平な判断をするために、トランスジェンダーに否定的な本も出るといいよね？

　ただでさえトランスに否定的な情報ばかりが世の中にあふれているのに、ご冗談を。それに、何がトランスについての嘘の情報で、何がそうでないかを見分けるためには、トランスの当事者たちの発信も含めてたくさんの知識が必要になる。あなたは、そうやって多くの知識を身につける努力をしてきたうえで、そう言っているのかな？

　第3部のはじめに、「素朴な疑問は素朴ではない」という話をした。トランスを想定してこなかったこの社会では、偏見、不適切な連想、無知・無理解、信頼性の偏り、合理性の否定、性別についての解像度の粗さが相まって、知りもしないことに首を突っ込んでいいという雰囲気が醸成されている。だからトランスに関して、適当な思いつきを言ってしまう人が増えているみたい。それがどれほど間違っていることでも、恥さえ感じない雰囲気ができているもの。出版の状況に関しても同様だ。適当な思いつきを言うのは簡単だけど、それがどんな意味で間違っているのかを指摘するほうはとてつもない労力を負わされる。

　そして、出版業界一つとっても、これまでどれだけトランスの従業員や書き手を排除してきたか、そのことを問題視してほしい。「売れないから」と門前払いされたり、自費出版する場合が多く、結果として保管や流通が難しくなったり、政治的な主体として話を進めることがほとんど許されず、シスジェンダーの読者に伝わりやすい単純化された説明ばかりさせられてきた。トランスの当事者が、トランスジェンダーが置かれている状況について、自伝とは違ったかたちで書くことができるチャンスは、これまで本当に少なかったんだよ。

　だから、デマばかりで差別扇動的な本だとしても、読み手が「公平に

判断できる」からどんどん出版すべきだ、どんどん売っていくべきだ、というスタンスには賛同しかねる。トランスの人たちについてのまともな情報がもっと増えて、新しい情報を前にした読者たちが「これって本当かな？」と真の意味で公平な吟味ができるリテラシーを、まずは社会に蓄えていかないとね。それがないかぎり、デマやヘイトで満ちあふれた書籍の内容を、そのまま受け止める人ばかりになってしまいかねない。

Q21▶トランスジェンダーとジェンダー特権

第2部で確認したように、トランスの人は性別について特異な状況にあるし、一人の人生のなかにも変化を含むことがある。一般に**男性は女性よりも優位**だと考えられるからこそ、性別を変えていくように見えるトランスの人に対していろいろな疑問が浮かぶようだ。

Q21-1 トランス女性はマイノリティの女性として認識しておけばいい？

それは確かにそうだ。でも、「女性」という大きな円のなかに「トランスジェンダー」という小さな円があって、トランスジェンダーの女性はそのなかに位置するマイノリティの女性なんだ、という理解だけでスッキリ収まるわけでもないかな。ジェンダーをトランスする（越える、変える）人たちは、初めから既存の「女性」枠の内側にいることができたわけではないし、まさしくそのことが性別違和を引き起こしていたわけだから。

むしろ、性別移行前の状態でいえば、「女性」枠に入れられていて、性別に違和感をもつという点でマイノリティなのは、出生時に女性を割り当てられたノンバイナリーやトランス男性だともいえる。もともと「女性」のなかに入れられていて、かつ「性別への感覚がマイノリティ」ということだ。そうしたトランスの人たちは、アイデンティティの

面では「女性」ではないにもかかわらず、女性同然の性差別を受けたり、周囲から女性として接せられたりする。だから本人的には「マイノリティ女性」を生きているつもりはなくても、客観的には「マイノリティ女性」のような待遇になってしまう。本当は女性ではないのにね！ もちろん、ジェンダーアイデンティティを尊重して考えるなら、いまのような状況の人は「性的マイノリティ」や「男性」の枠組みに入るのだけど、本人のアイデンティティが自分の生きる状況にそのまま反映されるわけではないことは覚えておこう。

　同じことがトランス女性にもいえる。周囲から男性扱いされているトランス女性の状況を「男性的な経験をさせられているマイノリティの女性」として考えるのは、確かに妥当だ。とはいえ、通常「マイノリティ女性」として想定される存在のなかに、そのような逆境を生きているトランス女性は含まれていないように思う。いってしまえば、いちばんつらい状況にあるはずなのにね。ある程度性別移行を終えて、おおむね周囲の女性と同じような生き方ができるようになってから、ようやくトランス女性を「マイノリティ女性」として認知できる、というのが（フェミニストを含めだいたいの人の）現状らしい。つまり「マイノリティ女性」という言葉には、トランスの生活実態がうまく反映されていない。トランス女性はマイノリティ女性で、トランス男性はマイノリティ男性で、という機械的な理解は、こんなふうにいろんな現実を取りこぼしていることがある。

　繰り返すけれど、性別移行をしたトランス女性のことを「マイノリティ女性」として把握することは全然間違っていない。それは性別移行前でも同じだ。これほどバッシングの対象になる属性は珍しいし、わかりやすくヘイトがなくたって、トランスジェンダーであり女性であることは、それだけで困難の連続を生きていくことだから。

Q21-2 でもやっぱり、トランス女性は「男性特権」をもっているんじゃないの……？

　まず、特権とは何を指しているのだろう。いまの社会で「男性」であることに伴う特権（つまり男性特権）には、いろんなものがある。例えば戸籍が「男」であることによって得られる法的特権。どこでも男性が言うことや男性の経験ばかりが主流と見なされる文化的特権。性別を理由に虐げられることが少なく、自尊心を豊かにもてるよう養育されるという、心理的特権。女性に比べて賃金が高い職業に就きやすいとか、同じ仕事でも賃金が高くなるという経済的特権など、いろいろある。

　男性優位な社会では、男性と見なされた人物にこういう特権が与えられて、公的な利益や権力をもつように促すレールが用意されている。逆にいえば、そのレールに沿って一生懸命走ることができているかぎり、その「男性」には多様な「特権」が与えられる。これが、社会に性差別があるということ。でも、そのレールを走りきれるかどうかは、また別の話だ。

　出生時に「男性」を割り当てられたノンバイナリーやトランス女性には、おそらく生まれたときに先ほどのレールが敷かれていたのだろう。家族や周りの大人そして社会や国家は、その「男性」に特権を与えるべくレールを用意したんだ。でも、ノンバイナリーやトランスの女性には、そのレールを走って生きていくという未来が自分の未来にならなかった。なぜならその人は男性ではなく、トランスジェンダーだったから。

　もし、そうやってシス男性のために敷かれたレールを外れて、トランスジェンダーとして自分を理解したり、男性以外の性別として生きていくことになったとしたら。そこにはもう、道はないも同然だ。多くの場合は、たった一人きりで険しい道を切り開かなければならない。まずはそのことを理解しよう。

　そのうえで、注意すべきことがある。それは、トランス女性と一言で

いっても状況はいろいろで、その「男の特権に通じるレール」から脱線することになったタイミングは人それぞれだということだ。とても幼いときから「自分は女の子だ」と自覚して、親や先生などの周囲の協力を得て、小学校入学以前から女子として生活している人もいる。そんなトランスの女の子に向かって、「君には「男性特権」があるのでは？」という言葉を投げかけるのはさすがにばかげている。一方で、アイデンティティについての悩みや葛藤を経て、成人後にようやく「女性」として自分の存在を納得するようなケースも少なくない。そうすると、「男性」として生きる期間が長くなるから、なかには「特権へのレール」をある程度走ってきたという人もいるだろう。そうした人が、大学の進学にあたっての親の理解が（女性として生きているよりも）得られたとか、シス女性よりも就職面接を有利に進められたとか、そういうことはありうる。でも、その人がトランスジェンダーとして自分を理解し、ひとたび性別を移行したりしはじめるやいなや、そうやって足元に積み上がっていたかもしれない「特権」は、跡形もなく崩れ去ってしまうケースが多い。大学を出て新卒で採用された企業で、あるときから「男性社員」が「女性になります」と言ったとして、その決断とその後の性別移行のプロセスに肯定的な反応を示してくれる職場は、まだほんの一握りだ。実際には、苛烈なハラスメントに遭ったり、職業人としての能力を見くびられたりして、社会的な特権や心理的な特権はあっという間に剥奪される。

　それに、ある程度の時間を「男性」として生きてきたとしても、「特権へのレール」にうまく乗れていたかどうかは、一概にはいえない。ノンバイナリーやトランス女性である人たちは、「男性」として社会的に生きていたときからすでに「女々しい」とか「オカマだ」とか言われていじめや暴力の対象にされてしまうことも多い。そうしたいじめやハラスメント、学校での体育、修学旅行などが原因で、就業や通学に断絶がある人も少なくない。その意味でも、「男性特権」として想定されてい

るような「シスジェンダー男性の特権」をもっているとはいえないケースが多い。

　ついでに、そうした標準的な「男性特権」をもつためには、異性愛者で、自国民で、健常者で……などたくさんの条件がついていることがほとんどだ。だから、もしトランスの人が何らかの「男性特権」を得ているように見えたとしても、それはきわめて限定的で、実際にはかなり危うい状況で保持されているものにすぎない。周囲から認められる「男性」の枠組みを一歩でも離れたら、いとも簡単に抑圧される。それが「男性ではないのに男性のレールを走らされてきた」人たちの境遇なんだ。

　そうした男女間の差とは別に、シスジェンダーとトランスジェンダーのあいだに不均衡があることも指摘しておく。外から見れば「男性特権」を享受して、いろいろな資本を蓄積してきたように見えるトランス女性でも、シスジェンダーだったら問題にならなかった多くの障壁にぶち当たることがある。戸籍や身分証が適切ではないとなると、法的特権はないも同然、デフォルトの男性にも女性にも合致できないため社会的特権などなく、孤独や自己不信に陥りやすいため心理的特権は育たず、就業しにくく性別移行にかかる費用のせいで経済的特権はない、というトランスの人は多い。その点、シスジェンダーの人にはあらかじめ特権が付与されているとさえいえる。身分証に自分の適切な性別が書かれているとか、周りの人間から自分の性別を否定されないとか、そんなことが「特権」だなんて、多くの人は思わないかもしれない。でも、トランスジェンダーからすれば、それはシス特権だ。

Q21-3 トランス男性は「男性」として社会的に生きられるようになったら男性特権を得るの？

　女性差別がひどいいまの社会だから、「女性」的な状況から「男性」的な状況に変わると女性差別を受けなくなる。その分、有利になるので

はないか、って質問かな？　トランス男性の生きる状況に照らし合わせ
ると、部分的にはそうだともいえるし、そうではないともいえる。

　トランス男性が性別移行を経て社会的に「男性」として生きられるよ
うになると、本人があからさまな女性差別を受ける機会は減る。例えば
道を歩くときに周囲を警戒する機会が減る、会議で発言が重んじられる
ようになる、身だしなみに気を使わなくても誰もとがめてこない……。
そういう「男性特権」を得た、というエピソードは確かにある。

　他方、トランス男性はトランスジェンダーだから、シスジェンダーの
男性とは異なる状況に置かれてもいる。みてのとおり、就労状況がよく
なかったり、家族と疎遠だったり、メンタルヘルスに問題を抱えていた
り。ホルモン治療など継続的に治療費もかかったりするから、シス男性
よりも（ときにはシス女性よりも）社会的に不利な状況に置かれやすい。
また、日常的には男性扱いで問題がなかったとしても、病院にいくとか、
結婚や子育てをする、などの場面で、急に「身分証の性別が違う」「情
報がないので対応できない」なんて事態に陥ることもある。だから、た
とえ「男性」として生活できるようになっても、「トランスジェンダ
ー」固有の困難が降りかかることはあるんだ。

　重要なことを付け加えておくと、「男になったら得できるはず」とい
う動機で性別移行が成り立つほど、この社会はトランスジェンダーにや
さしくないよ。それどころか「トランスジェンダーであること」や「弱
い立場の男性であること」は排除や搾取の対象になりやすい。トランス
男性が性別移行を必要とした理由を、「職業面で有利だからでしょ？」
などと勝手に推測しないほうがいい。昔からある偏見だけど、現実との
乖離が大きい。詳しくは第2部のトランス差別のデータを参照してね。
「男になったら得」という発想は、「女になるのは損にちがいない」と
いう発想と地続きだ。でも、「女になるのは損にちがいない」と言われ
ようがなんだろうが、女性側へ社会的な性別移行を経験するトランス女
性はいる。「女になりたい人なんているはずがない」と信じる人がどれ

だけいようとも、トランス女性の数が減るわけではない。トランスジェンダーがトランスジェンダーであることや、性別移行を必要とすることは、（女）性差別や男性特権とは別の文脈にあるんだ。

Q21-4 トランスジェンダー男性の話題をあまり聞かないのはなぜ?

トランスジェンダーが社会で話題になるときは、トランス女性に焦点が当たりやすいみたいだ。その理由として、こんな推測がされることがある。「トランス女性がわがままだから問題を起こしているのでは?」「トランス男性はしょせん〈女性〉だから、〈女性〉の声は抑え込まれているんだ」「やっぱり身体の性別が男性なのだから、トランス女性が警戒されるのは当たり前だ」など。

まず、考えてほしいのだけど、勝手にトランスジェンダーの人たち（とりわけトランス女性）を話題にして騒いでいるのは誰だろうか。それはほとんどの場合、トランス女性ではない人たちだろう。

だから、本当なら次の問いを立てるべきだ。私たちはなぜ、トランス女性を槍玉に挙げたがるのだろう。⁽³⁾そこには、「女っぽい男はばかにしてもいい」とか、「男よりも劣った存在であるはずの女に〈なりたい〉やつなんているはずがない」とか、そういう思い込みがないだろうか。もしあるとしたら、考えてほしい。それってすごく女性差別的じゃないだろうか。

続いて、もう一つの問いについても考えてほしい。私たちはなぜ、トランス男性の存在をきちんと受け止めることができていないのだろうか。良くも悪くも、その存在をスルーしてしまうのだろうか。理由の一つは、すでにシスジェンダーに埋もれて生きているトランス男性は、自ら「トランスです」と表明しない人も多いから、トランス男性の話題として注目されずに終わっている、ということだ。

ただ、それ以外にも可能性はある。もしかしたらみんな「男性にはい

ろんな男性がいる」ということを最初から受け入れているんじゃないだろうか（よほど「女性的な」男性でなければ、という制限付きだけど）。世の中の「理想」とされる男らしさは、確かに画一的だ。でも、社会で権力をもちがちな男性は、全員の男性が「理想」に到達できないことも知っている。だから、自分たちの男性優位な社会が脅かされないかぎり、「多様な男性」の存在を放っておくことができる。権力をもっていないようなマイノリティ集団のなかでも、男性のほうが女性よりも先にイメージされやすいよね。例えば「障害者」と聞くと、男性で障害をもつ人を先に思い浮かべたり、「引きこもり」と聞くと、男性の引きこもりを先に想像する、という具合に。

　次のようにいってもいい。「女はこうでなければならない」という社会の押し付けの強さに比べて、「こういう男がいてもいい」という社会の「寛容さ・許容度」はとても大きい。つまり、女性の多様性と比べると、男性の多様性は嫌われにくい。男性が身だしなみを気にしていなくても、太っていても痩せていても、どんな職業でも、どんなしゃべり方でも、過剰な注目のされ方はしない。そのことが、トランス男性をスルーしている社会のあり方とつながっているのだとしたら。そこにはやっぱり、女性差別と男性優位が存在する。トランスジェンダー女性については、スキャンダラスな噂やデマ、偏見の流布が絶えないのに対し、トランス男性に対しては、あまりそういう注目が集まらない傾向がある。そこには、そういう（シスの人たちが作ってきた）女性差別的な背景があるかもしれない。

トランスジェンダーの人たち

- ノンバイナリー、トランス男性、トランス女性……同じ集団のなかにも多様な状況の人がいる。
- 一人の個人の人生のなかでも、多様な状況を経験する人がいる。
- アイデンティティが女性でなくても、女性差別を受けることがある。
- 男性として生きているとしても、シス男性と同じようにはジェンダー特権を得られない人が多い。
- トランスの人のアイデンティティを尊重するのは大事だが、トランス女性は女性、トランス男性は男性という理解だけでは見えてこない現実がある。
- トランス医療には、圧倒的にリソースが不足している。
  - ➤ もっと安全で安価で、よりアクセスしやすい医療の実現が求められる。

注

（1）國﨑万智「トランス女性へのホルモン療法で「メンタルヘルスが悪化する」は本当？原因を"単純化"する危うさ」「HUFFPOST」2023年7月22日（https://www.huffingtonpost.jp/entry/story_jp_64b8949de4b093f07cb2d76c）〔2024年4月6日アクセス〕

（2）Timmy Broderick, "Evidence Undermines 'Rapid Onset Gender Dysphoria' Claims: Fears of "social contagion," used to support anti-transgender legislation, are not supported by science," *Scientific American*, Aug. 24, 2023. （https://www.scientificamerican.com/article/

evidence-undermines-rapid-onset-gender-dysphoria-claims/）〔2024年4月6日アクセス〕

（3）ジュリア・セラーノ『ウィッピング・ガール──トランスの女性はなぜ叩かれるのか』矢部文訳、サウザンブックス、2023年

あとがき

　2003年、性同一性障害特例法が成立した。20年後の23年、同法が定める性別変更要件の一つ（＝不妊化要件）に違憲判決が出た。同年は、LGBT理解増進法の国会審議や経産省で働くトランス女性に対するトイレの使用制限に対する国家賠償請求訴訟最高裁勝訴判決もあり、これら一連の出来事をきっかけとして、国内でトランスジェンダーを敵対視する風潮が著しく拡大した年でもあった。

　振り返れば20年前、ジェンダーバックラッシュが吹き荒れるなかで、トランスジェンダーにまつわる法律（特例法）が成立したのは不思議なことに見える。しかし当時は「性同一性障害者はかわいそうな人たち」というフレーミングが用いられていて、また現在ほど集団に対する注目も過剰ではなかった。「この法律は性別二元論を脅かすものではない」。そのような説得に応じて、法案に対する賛成票を投じた議員もいたということである。

　法律や医療は、制度として可視化されやすい。そのため、トランスジェンダーにまつわる法や制度ができたり、変わったりするタイミングでは、社会の注目も高まる。しかし当然のことながら、トランスの人々は昔からいた。呼ばれる名前や社会での扱われ方には変化があるとしても、トランスの人々はずっとこの社会に生きてきた。己をトランスジェンダーと名指す前から、「正規」医療ができる前から、バックラッシュが起きる前から、ずっと。

　しかしながら、近年あたかも「新しく登場した存在」であるかのようにトランスジェンダーを理解し、その存在を不当に貶めたり、危険視して排除すべきと主張したりする言説が拡大している。本書が出版されな

けれFばならないほどトランスヘイトが跋扈している状態は、異常という
ほかない。なぜこのようなバックラッシュが生まれているのか、読者に
はそのことをまず考えてほしい。

　本書では何度か「トランスコミュニティ」という言葉を使った。しか
し現実には、コミュニティと名指せるほど、仲間の存在を身近に感じら
れる場所をもっている当事者は少ないだろう。そんななか、インターネ
ット上のコミュニケーションは、当事者たちにとって大事な役割を果た
していた。しかし、その場所さえヘイトの急拡大によって大きく損なわ
れてしまった。

　本書は、そして昨今活発化しつつある「議論」の前提に立ち戻り、
トランスジェンダーの生きる現実に時計の針を戻すために書かれている。
それは必然的に、誤った前提に立つ差別言説の「もっともらしさ」をそ
ぐ役割を果たすはずである。

　筆者である高井ゆと里と周司あきらは、1年前に『トランスジェンダ
ー入門』（集英社）という新書を執筆した。同書では、トランスジェンダ
ーの人々による性別移行の実態や、トランスジェンダーの人々を取り巻
く医療、法律、差別などの状況を幅広く説いた。トランスジェンダーが
集団として置かれた現実を、困難な部分も含めて伝えるためだった。そ
の一方で、トイレやお風呂、あるいは特例法に絡めたヘイト言説につい
ては一向に収まる気配がなく、私たちは前著を刊行してまもなく、本書
『トランスジェンダーQ&A』の執筆にとりかかることを余儀なくされた。
私たちの出版企画を快諾し、最初の相談から半年での出版にこぎつけて
くださった青弓社の矢野恵二さんに深く感謝を申し上げる。

もっと知りたいあなたへ

基礎的な知識

- 周司あきら／高井ゆと里『トランスジェンダー入門』（集英社新書）、集英社、2023年
- エリス・ヤング『ノンバイナリーがわかる本——heでもsheでもない、theyたちのこと』上田勢子訳、明石書店、2021年
- マイカ・ラジャノフ／スコット・ドウェイン編『ノンバイナリー——30人が語るジェンダーとアイデンティティ』山本晶子訳、明石書店、2023年
- 「trans101.jp はじめてのトランスジェンダー」（https://trans101.jp/）
- 森山至貴『LGBTを読みとく——クィア・スタディーズ入門』（ちくま新書）、筑摩書房、2017年

性同一性障害・性別違和・性別不合

- 針間克己『性別違和・性別不合へ——性同一性障害から何が変わったか』緑風出版、2019年
- 康純編著『性別に違和感がある子どもたち——トランスジェンダー・SOGI・性の多様性』（子どものこころの発達を知るシリーズ）、合同出版、2017年
- 中塚幹也『封じ込められた子ども、その心を聴く——性同一性障害の生徒に向き合う』ふくろう出版、2017年

性同一性障害特例法

- 高井ゆと里編『トランスジェンダーと性別変更——これまでとこれから』（岩波ブックレット）、岩波書店、2024年
- 南野知惠子監修『【解説】性同一性障害者性別取扱特例法』日本加除出版、2004年
- 野宮亜紀／針間克己／大島俊之／原科孝雄／虎井まさ衛／内島豊『性同一性障害って何？——一人一人の性のありようを大切にするために 増補改訂版』（プ

ロブレムQ&A）、緑風出版、2011年
・上川あや『変えてゆく勇気――「性同一性障害」の私から』（岩波新書）、岩波
　書店、2007年

トランスジェンダーと社会変革

・ショーン・フェイ『トランスジェンダー問題――議論は正義のために』高井ゆ
　と里訳、明石書店、2022年
・吉野靫『誰かの理想を生きられはしない――とり残された者のためのトランス
　ジェンダー史』青土社、2020年
・遠藤まめた『オレは絶対にワタシじゃない――トランスジェンダー逆襲の記』
　はるか書房、2018年

トランスヘイトとバックラッシュ

・反トランス差別ブックレット編集部編著『われらはすでに共にある――反トラ
　ンス差別ブックレット』現代書館、2023年
・浅井春夫／遠藤まめた／染矢明日香／田代美江子／松岡宗嗣／水野哲夫編著
　『Q&A多様な性・トランスジェンダー・包括的性教育――バッシングに立ちむ
　かう74問』大月書店、2023年
・ポリタスTV編、山口智美／斉藤正美『宗教右派とフェミニズム』青弓社、
　2023年
・山口智美／斉藤正美／荻上チキ『社会運動の戸惑い――フェミニズムの「失わ
　れた時代」と草の根保守運動』勁草書房、2012年
・石川優実責任編集「特集 女性運動とバックラッシュ」「エトセトラ」第4号、
　エトセトラブックス、2020年

スポーツと（トランス）ジェンダー

・井谷聡子『〈体育会系女子〉のポリティクス――身体・ジェンダー・セクシュ
　アリティ』関西大学出版部、2021年
・岡田桂／山口理恵子／稲葉佳奈子『スポーツとLGBTQ＋――シスジェンダー
　男性優位文化の周縁』晃洋書房、2022年

- 飯田貴子／熊安貴美江／來田享子編著『よくわかるスポーツとジェンダー』（やわらかアカデミズム・〈わかる〉シリーズ）、ミネルヴァ書房、2018年
- 井谷聡子責任編集「特集 スポーツとジェンダー」「エトセトラ」第6号、エトセトラブックス、2021年
- 安藤大将『スカートをはいた少年──こうして私はボクになった』ブックマン社、2002年

フェミニズムと男性学

- ジュリア・セラーノ『ウィッピング・ガール──トランスの女性はなぜ叩かれるのか』矢部文訳、サウザンブックス、2023年
- 田中玲『トランスジェンダー・フェミニズム』インパクト出版、2006年
- 周司あきら特集編集「特集 男性学」「エトセトラ」第10号、エトセトラブックス、2023年
- 清水晶子『フェミニズムってなんですか？』（文春新書）、文藝春秋、2022年
- カイラ・シュラー『ホワイト・フェミニズムを解体する──インターセクショナル・フェミニズムによる対抗史』飯野由里子監訳、川副智子訳、明石書店、2023年
- 藤高和輝『〈トラブル〉としてのフェミニズム──「とり乱させない抑圧」に抗して』青土社、2022年
- 福永玄弥「フェミニストと保守の奇妙な〈連帯〉──韓国のトランス排除言説を中心に」「ジェンダー史学」第18巻、ジェンダー史学会、2022年（https://www.jstage.jst.go.jp/article/genderhistory/18/0/18_75/_article/-char/ja/）

その他

- 五月あかり／周司あきら『埋没した世界──トランスジェンダーふたりの往復書簡』明石書店、2023年
- 前田良、Akimiイラスト『パパは女子高生だった──女の子だったパパが最高裁で逆転勝訴してつかんだ家族のカタチ』明石書店、2019年
- 周司あきら「『トランスジェンダー入門』刊行記念イベントレポートvol.2──まずは現実を知ることから 藥師実芳×高井ゆと里」「集英社新書プラス」2023年9月15日（https://shinsho-plus.shueisha.co.jp/news/24449）

・周司あきら「【アーカイブ】高井ゆと里×能川元一×堀あきこ×松岡宗嗣「トランスヘイト言説を振り返る」」「Webあかし」2024年4月3日（https://webmedia.akashi.co.jp/categories/1080）
・周司あきら「『トランスジェンダー入門』刊行記念イベントレポートvol.5——『トランスジェンダー入門』の向こうに 高井ゆと里×西田彩ゾンビ」「集英社新書プラス」2023年12月1日（https://shinsho-plus.shueisha.co.jp/news/25395）

[著者略歴]

高井ゆと里（たかい ゆとり）
群馬大学准教授
専攻は倫理学
著書に『ハイデガー』（講談社）、編著に『トランスジェンダーと性別変更』（岩波書店）、共著に
『トランスジェンダー入門』（集英社）、訳書にショーン・フェイ『トランスジェンダー問題』（明
石書店）など

周司あきら（しゅうじ あきら）
主夫、作家
著書に『トランス男性による トランスジェンダー男性学』（大月書店）、共著に『トランスジェ
ンダー入門』（集英社）、『埋没した世界』（明石書店）など

トランスジェンダー Q&A　　素朴な疑問が浮かんだら

発行──2024年5月1日　第1刷
　　　　2024年8月1日　第2刷

定価──1800円＋税

著者──高井ゆと里／周司あきら

発行者──矢野未知生

発行所──株式会社青弓社
　　　　　〒162-0801 東京都新宿区山吹町337
　　　　　電話 03-3268-0381（代）
　　　　　http://www.seikyusha.co.jp

印刷所──三松堂

製本所──三松堂

©2024

ISBN978-4-7872-3536-7　C0036

ポリタス TV 編　山口智美／斉藤正美

宗教右派とフェミニズム

1990年代―2000年代初頭のバックラッシュから、安倍政権以後の家族や女性、LGBTQ＋をめぐる政策と右派・宗教との関係までを、具体的な政策や右派運動、テーマにフォーカスして解説し、問題点を検証する。　定価1800円＋税

杉浦郁子／前川直哉

「地方」と性的マイノリティ

東北6県のインタビューから

これまでのセクシュアリティ研究で見過ごされてきた「地方」の実態を、当事者・団体スタッフたちの豊富な語りから考察し、性的マイノリティをめぐる政治と地域性についての新たな見取り図を提示する。　定価2000円＋税

三成美保／岸田英之／中塚幹也／藥師実芳 ほか

教育とLGBTIをつなぐ

学校・大学の現場から考える

児童・生徒と学生が自分の性自認で悩まされることなく学べる教育環境の整備に向けて、教育関係者の意識転換と具体的な施策が求められている。誰もが多様な性を自分らしく生きる自由を保障する方策を提言する。　定価2000円＋税

岩渕功一／新ヶ江章友／髙谷幸／河合優子 ほか

多様性との対話

ダイバーシティ推進が見えなくするもの

LGBT、多文化共生、貧困、生きづらさ、インターセクショナリティ、教育実践――様々な分野の多様性との対話から、それらが抱える問題点を批判的に検証し、差別構造の解消に向けた連帯と実践の可能性を探る。　定価1600円＋税

大島 岳

HIVとともに生きる

傷つきとレジリエンスのライフヒストリー研究

ジェンダーやセクシュアリティ、障害などの交差的な差別と偏見がいまもって根強いHIV。陽性者と交流し、手記などの史資料も読み込んで当事者と支援者の協働的な実践を掘り起こし、生きるための理論を探求する。定価3400円＋税